TIRO, BOMBA E PORRADA

Forme uma **TROPA DE ELITE DE VENDAS**
e domine mercados

ENCONTRE MAIS
LIVROS COMO ESTE

Copyright desta obra © IBC - Instituto Brasileiro De Cultura, 2024

Reservados todos os direitos desta produção, pela lei 9.610 de 19.2.1998.

1ª Impressão 2024

Presidente: Paulo Roberto Houch
MTB 0083982/SP

Editora: Priscilla Sipans
Coordenação de Arte: Rubens Martim

Coordenação Editorial: Anderson Masetto
Revisão: Anderson Masetto e Mirella Moreno
Capa: Rosimeire Raven
Projeto Gráfico e Diagramação: Christian Held
Impressão e Acabamento: Gráfica Plena Print

Vendas: Tel.: (11) 3393-7727 (comercial2@editoraonline.com.br)

Foi feito o depósito legal.
Impresso no Brasil

Dados Internacionais de Catalogação na Publicação (CIP)
de acordo com ISBD

L965t   Luppa, Luis Paulo

Tiro, Bomba e Porrada - Forme uma Tropa de Elite de Vendas e Domine Mercados / Luis Paulo Luppa. – Barueri : Camelot Editora, 2024.
248 p. ; 15,1cm x 23cm.

ISBN: 978-65-6095-150-1

1. Administração. 2. Vendas. 3. Gestão. 4. Liderança. I. Título.

2024-3103   CDD 658.85
                     CDU 658.85

Elaborado por Odilio Hilario Moreira Junior - CRB-8/9949

IBC — Instituto Brasileiro de Cultura LTDA
CNPJ 04.207.648/0001-94
Avenida Juruá, 762 — Alphaville Industrial
CEP. 06455-010 — Barueri/SP
www.editoraonline.com.br

TIRO, BOMBA E PORRADA

Forme uma **TROPA DE ELITE DE VENDAS** e domine mercados

Luis Paulo LUPPA
autor do best-seller "O Vendedor Pit Bull"

Camelot
EDITORA

Sumário

Introdução _____ 9

Parte 1: Conhecendo o Campo de Batalha. O que São Vendas? __15
Capítulo 1: Vender é Tiro, Bomba e Porrada Todo Dia! _____ 17
Capítulo 2: As Bases do Vendedor Pit Bull _____ 21
Capítulo 3: Como Caminhar num Campo Minado _____ 25
Capítulo 4: Matar ou Morrer _____ 29

Parte 2: Se Vai Enfrentar uma Guerra, Tenha as Armas (Técnicas)
Certas _____ 33
Capítulo 5: Como Vender Mais _____ 35
Capítulo 6: Sniper (On-line) ou Metralhadora (Presencial)?--- 39
Capítulo 7: Crise é Desculpa_____ 45
Capítulo 8: Processo de Decisão: Cuidado com o Tiro_____ 47
Capítulo 9: Desviando de Bombas e Tiros _____ 53

Parte 3: Plano de Ação: Você e sua Tropa de Elite Entrando
em Campo_____ 59
Capítulo 10: É a Estratégia que Vence uma Guerra _____ 61
Capítulo 11: Como Ter Vantagem Competitiva _____ 67
Capítulo 12: Feedback _____ 73
Capítulo 13: Gestão de Crise _____ 77

SUMÁRIO

Parte 4: Escolha suas Armas: Como Desenvolver seu Processo
de Vendas _____ 81
Capítulo 14: Processo de Vendas: a Batalha Contínua _____ 83
Capítulo 15: Hora da Porrada: Elaborando seu Processo
de Vendas _____ 91

Parte 5: Padrão Pit Bull para Montar e Gerir uma Equipe
de Elite _____ 101
Capítulo 16: Posicionamento _____ 103
Capítulo 17: Liderança _____ 115
Capítulo 18: Remuneração _____ 121
Capítulo 19: Quem Treina se Prepara
para Vencer _____ 127
Capítulo 20: Gestão _____ 137
Capítulo 21: Resultados_____ 141
Capítulo 22: Metas _____ 147
Capítulo 23: Segmentação_____ 155
Capítulo 24: Desempenho_____ 167
Capítulo 25: Eficiência_____ 177
Capítulo 26: Recrutamento: Montando
uma Tropa de Elite_____ 181

Parte 6: Marketing Digital no Estilo Tiro, Bomba e Porrada!___ 191
Capítulo 27: A Internet é um Campo Minado, Seja a Melhor
Opção Disponível_____ 193
Capítulo 28: Analisando a Concorrência _____ 197
Capítulo 29: Tráfego Orgânico versus Pago_____ 201

SUMÁRIO

Capítulo 30: Google versus Instagram _____ 205

Capítulo 31: Tipos de Anúncios_____ 209

Capítulo 32: Definindo o Público-Alvo_____ 213

Capítulo 33: Quanto Investir em Anúncios _____ 217

Capítulo 34: Calculando o Retorno _____ 219

Capítulo 35: Definindo sua Abordagem Comercial _____ 223

Bônus: Gatilhos Mentais do Marketing Digital_____ 226

Capítulo 36: Escassez_____ 227

Capítulo 37: Autoridade _____ 231

Capítulo 38: Comunidade_____ 237

Capítulo 39: Garantia_____ 239

Capítulo 40: Níveis de Prova _____ 241

Capítulo 41: Vídeos _____ 243

Chegando aos finalmentes _____ 247

Introdução

Amigo, eu posso te garantir que se você não preparar um soldado para a guerra, ele tem poucas chances de êxito. Ou ele desiste, ou ele foge, ou justifica por qual motivo não vai ou é derrotado. Por isso, o processo de preparação de verdadeiros guerreiros é árduo e para poucos, assim como a vitória plena.

Se você acha que falar de guerra é uma analogia muito pesada, então vamos falar de futebol.

Quantos Neymares você conhece? Quantos daqueles que sonharam em ser um jogador profissional de futebol realmente chegaram lá?

A resposta é: poucos.

Por quê? Porque para chegar na primeira prateleira do futebol você precisa abdicar da família, do lazer, dos amigos e passar o tempo todo treinando, viajando, concentrando, jogando e dando entrevistas. Você tem sucesso, mas não tem vida!

Forjar alguém para ter sucesso em sua atividade não é nada fácil.

Durante muitos anos de minha vida fui um desses soldados. Um verdadeiro guerreiro de campo. Recebi o apelido de VENDEDOR PIT BULL, que anos mais tarde se tornou o maior best-seller em vendas do Brasil, presente em mais de 30 países e com milhões de cópias vendidas em todo o mundo.

Tornei-me um palestrante internacional. Rodei mais de 13 países treinando vendedores, ganhei muitos prêmios e apliquei a minha própria metodologia de vendas em mim mesmo, injetei na veia e me tornei um empreendedor de resultados constantes e incontestáveis.

Especializei-me em acelerar negócios. Tive empresa bilionária, comprei e vendi grandes empresas, e tudo isso só foi possível porque, ao longo do tempo, apesar da minha formação educacional tradicional, me formei para ser um vendedor de elite. E posso te garantir, não é nada fácil, mas faz toda a diferença.

Já comandei várias tropas de elite de vendas, algumas com mais de 400 profissionais qualificados. Já treinei mais de 1 milhão de vendedores ao redor do mundo. Ou seja, não ouvi falar e muito menos aprendi o que vou revelar neste meu vigésimo quarto livro em nenhum cursinho de internet. Eu vivi na pele cada dia, cada minuto, cada visita, cada não, cada meta cumprida, cada convenção de vendas e muita, mas muita transpiração mesmo.

Quero muito que você entenda o que TIRO, BOMBA E PORRADA representam na sua vida e como lidar com isso tudo.

TIRO é representado pelos seus clientes que só reclamam, só sabem te espremer e implorar por descontos, procurar defeito no seu serviço ou produto para desmerecer seu preço. Elogiam seu concorrente para minar a sua autoestima e, por último, sempre dizem que ouviram falar que a sua empresa não vai bem.

Enfim, a pior coisa que você pode ter na vida é cliente!

Você já acorda tomando tiro de tudo quanto é lado e com o tempo acaba desistindo e procurando outra atividade, porque, nesse caso, até pipoqueiro é melhor que isso. Afinal de contas, a pipoca é sua e você vende para quem quer.

A solução aqui, amigo, é não ter clientes, e sim ter fãs. Vamos te ensinar como fazer isso. O fã não te abandona nunca e tem como premissa reconhecer seus esforços e talentos.

BOMBA é representada pelos seus inúmeros concorrentes, que você, na sua visão superficial, acha que são as empresas que têm o mesmo serviço ou produto que você e estão atuando nos mesmos clientes. É muito mais do que isso! É o corporativo representado pela marca do seu concorrente atuando na mente do seu cliente e o inimigo real, que é o vendedor do concorrente, macetando você todos os dias até você cair. Ele, na maioria das vezes, é um despreparado. Esse cara é muito perigoso, porque ele é um autêntico terrorista, de qualquer jeito, por todos os lados, e se você não estiver na ponta dos cascos, explode.

Abaixa o preço, aumenta prazo, bonifica, faz promessas futuras; tudo para não ter você no jogo. A bomba faz um estrago maior que o tiro, irmão!

PORRADA é pra valer, não é carinho. Aqui ela está representada pelo ambiente em que você vive. Para que você tenha uma melhor compreensão, vou te fazer uma pergunta: numa luta entre um tubarão e um tigre, em quem você apostaria?

A resposta é: depende do ambiente. Se a luta for na água, certamente o tubarão, mas se for em solo firme, 100% de chances para o tigre.

Isso significa dizer que se você estiver no ambiente errado, você está morto!

Agora, pense comigo. O mercado, o dia a dia, as pessoas que te cercam, seus "amigos", sua família e você mesmo, podem ser o seu maior inimigo. Você pode escolher pular no oceano para enfrentar o tubarão, se jogar na selva e esperar o tigre ou criar o seu próprio ambiente, o seu meio, o seu universo. Isso se reflete pela sua capacidade de gerenciar duas forças fundamentais:

A força mental, que define seu campo de atuação, sua forma e conduta. Quando a sua saúde mental está em dia, você não sofre pelas coisas sobre as quais não tem gestão alguma, e se concentra nos seus objetivos, apartando tudo que possa impactar no seu caminho, seja o que for!

Quanto à força física, e aqui não estou falando de músculos, e sim da disposição e da capacidade de transpirar mais do que os outros: é importante que quem esteja ao seu redor perceba que você tem capacidade para cumprir a jornada, e que se sinta como um corredor de maratona, não de 200 metros.

TIRO, BOMBA E PORRADA é o que você vai enfrentar no dia a dia da escalada em busca do seu sucesso como um profissional de vendas.

Se você pensa em sucesso na sua vida, precisa dominar o tema vendas. A cada 10 milionários que eu conheço, 9 são ótimos vendedores. A cada 5 bilionários, os 5 são vendedores de elite, verdadeiros Pit Bulls.

Não dá para entrar em jogo nenhum no mundo corporativo sem ter a expertise de vendas: você será facilmente engolido.

Fazer parte de uma equipe de vendas e ter sucesso é para poucos. Mas você pode ser um deles! Eu te garanto que vale muito a pena. Não me arrependo de nada que vivi na minha dura trajetória profissional. Consolidei-me como um cara que entrega o que promete e que bate metas. No fim do dia, é isso que importa.

Você não vale o quanto pesa; vale o quanto entrega!

Este livro tem como meta ser sincero, objetivo e educativo; bem como prático, apresentando soluções e indicando caminhos que já foram percorridos e deram certo.

Este livro não é um livro do tipo "eu acho que", e sim um papo reto de como, quando, quanto, por que e quem. Fora isso, é historinha de quem nunca carregou uma pasta e nunca vendeu nada para ninguém.

O tempo de campo forja grandes vendedores e é assim que gosto de ser reconhecido, pois tenho muito orgulho de ser vendedor. Não gosto que me intitulem advogado, professor, palestrante, autor, CEO, empresário, nada disso. Sou um vendedor e, por isso, venci e fui muito mais longe do que imaginava.

Agora, vamos juntos, num bate-papo entre amigos, entender tudo isso e dar a você o potencial para ser aquele cara que gera valor e faz entregas incontestáveis.

Boa leitura.

PARTE 1:
Conhecendo o Campo de Batalha. O que São Vendas?

Capítulo 1:
Vender é Tiro, Bomba e Porrada Todo Dia!

O bom vendedor é forjado com muita luta. Nada vem de graça; as habilidades das quais vamos falar nas próximas páginas se conquistam após muitas batalhas! Tenho certeza de que você já escutou algo do tipo: "Oh, esse cara nasceu vendedor!" *Tá errado! Ninguém nasce nada, amigo.* Você conhece alguém que nasceu astronauta ou piloto de Fórmula 1? Não, *né*? Alguém, por acaso, nasce medalhista olímpico sem se esforçar e treinar muito? Então como é que alguém pode nascer vendedor?

Você está pronto?

Para começar, é necessário entender três conceitos fundamentais em vendas:

O que é venda?

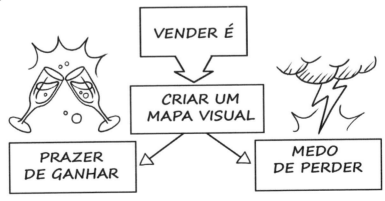

Desenhe esse mapa mental e cole onde você veja todos os dias. Não se esqueça dele: leia todas as manhãs, decore e faça disso um mantra! Não se vende uma viagem a Paris sem fazer com que a pessoa visualize a Torre Eiffel. Para vender um carro, você precisa colocar o cara dentro dele, seja literal ou metaforicamente. A grande questão é: não existe venda sem visualização.

É aí que entra o prazer de ganhar, sentimento que você precisa despertar no cliente!

Como? Vamos lá. Tome como exemplo a venda do carro: imagine que você chega na concessionária e é atendido por um vendedor experiente, aquele cara que sabe o processo com exatidão, que sabe a hora de dar o bote, um verdadeiro Pit Bull. O cara morde e não larga!

Você chega querendo um Corsa, um carro simples. Aí entra a mordida do Pit Bull. Ele cria um mapa visual na sua cabeça, mostrando que você merece mais do que isso, e te oferece um upgrade: mostra outro carro, um Corolla, por exemplo. Ele te oferece, então, o prazer de ganhar, dizendo que é dez, mas vende por nove.

E, no final, gera o medo da perda: diz que só tem um. A escassez faz com que você compre.

Lendo assim parece simples, não é, amigo? É depois que você dominar. E você não domina sem muito tiro, bomba e porrada antes! Todo dia que alguém ou você mesmo diz "hoje eu vou vender", acaba não vendendo nada, porque a venda é processo.

Com o tempo das pessoas cada vez mais escasso, o vendedor não pode ser um visitante profissional: ele tem que ter um motivo para ocupar o tempo do cliente, tem que ter um porquê. Seja um sniper, seja certeiro!

Um sniper se prepara antes, não chega simplesmente atirando. Então, faça isso e antes da visita pergunte-se: "O que eu vou fazer no meu cliente hoje?"

- **Resolver um problema**
- **Oferecer uma promoção**
- **Apresentar um produto novo**
- **Propor um plano de compras sequenciado para garantir descontos sucessivos**
- **Apresentar uma nova proposta de layout e exposição dos produtos**

Se a sua resposta for não para esses itens, então fique em casa: é seu dia de home office! Até porque essa coisa de trabalho híbrido está na moda.

Se você não consegue apresentar algum benefício ao seu cliente, o seu concorrente vai fazer isso por você. Lembra da bomba? Ela te persegue, amigo. Dê espaço, deixe uma ponta solta, não atenda o seu cliente e a bomba (seu concorrente) estará lá. Não dê mole!

Quanto mais benefícios você gera, mais perceptível fica o valor do seu produto ou serviço.

Você tem que entender bem o que é vendas.

Veja só a definição de "venda" segundo o dicionário e me diz se não é aterrorizante:

> *Definição de "vendas" no dicionário:*
> *Contrato por meio do qual uma pessoa — vendedor — transfere ou se obriga a transferir a outra — comprador — a propriedade de coisa determinada, cujo preço é por ele pago segundo condições estipuladas.*

Meu amigo, se você leu até o final, está de parabéns, porque é para desistir de ser vendedor!

Por isso, criei a minha própria definição de vendas no meu primeiro livro, *O Vendedor Pit Bull*. Esse livro tem mais de 1,6 milhão de cópias vendidas e está em mais de 30 países. É a base de toda minha obra. Nele, eu falo o seguinte:

> *Venda é uma arte milenar praticada por pessoas altamente qualificadas — que pode ser você — que buscam preencher a lacuna entre a necessidade e a expectativa de uma solução, de uma forma contagiante e equilibrada, gerando benefícios para alguém muito especial, como seu cliente.*

Aí muda tudo, não é?

Vendas é isso: tem tiro, bomba e porrada, além de um pouco de ludismo, fantasia e adrenalina.

Capítulo 2:
As Bases do Vendedor Pit Bull

Aqui você vai aprender o passo a passo para estruturar seu processo de venda, seja em função de um produto ou serviço, físico ou on-line, ativo ou receptivo. O Vendedor Pit Bull não é apenas forte. Ele é forte mentalmente. Ele é inteligente. Ele antevê os movimentos. E o mais importante, ele sabe aonde quer chegar.

Não basta criar uma meta. É necessário criar um plano para superar a meta. E, para isso, você precisa entender que diversos fatores impactam seus resultados.

Já aconteceu de você entrar em uma loja e o vendedor vir com aquela abordagem clássica, perguntando: "posso te ajudar?"

Quando isso acontece comigo, respondo logo: "Claro que você pode me ajudar: deposita um milhão na minha conta". Se eu precisasse de ajuda, chamava os bombeiros ou a polícia! O vendedor tem que matar a venda! E quando ela não acontece, a culpa não é do produto. Quem perde a venda é sempre o vendedor. Sempre!

Por isso, darei a você quatro instruções poderosas. Copie e cole no espelho do banheiro; leia todos os dias. Isso é munição das melhores! E não é apenas para recrutas. Servem para empreendedor, lojista, vendedor, gerente ou supervisor de vendas.

Servem para você que trabalha com seu carrinho batendo lata, visitando loja ou vendendo seu produto na internet.

1) Defina suas metas financeiras

Por quê?

Ora, porque se você não sabe o que quer, quem é que vai saber? "Eu quero, eu preciso, eu devo, eu posso buscar um milhão, dois milhões, dez milhões." Você tem que estabelecer uma meta financeira, para ter o que buscar, ao que se apegar. Meu amigo, se você vai pra guerra sem saber o que está em jogo, o inimigo te engole! Você não está vendendo uma TV, está pagando aquele boleto que chegou. Entendeu?

Quem não tem um objetivo e acaba atirando para todos os lados, no fim não está atirando em ninguém!

2) Transforme metas financeiras em metas mercadológicas

O primeiro objetivo em uma guerra é sobreviver. Só quem sobrevive tem chance de vencer. Trazendo para o nosso mundo, o que eu preciso vender para alcançar meu objetivo? Para quem eu preciso vender? Processos são respostas inteligentes a perguntas mais inteligentes ainda.

O que você definiu antes em números, vai definir agora em termos de alcance de público e abrangência de mercado. Se você sabe onde atirar, não vai desperdiçar munição. Foco na meta!

3) Projete muito bem suas ações de vendas

A estratégia é tão ou mais importante que a ação. Uma meta sem um plano de ação não é nada! Sempre se pergunte: "O que eu preciso fazer para chegar aonde quero?"

Toda ação gera resultados, até as ruins. Só que você não está lendo este livro para fazer besteira! Trate de planejar suas ações de vendas com base nos problemas que está enfrentando e nos caminhos que deseja conquistar para o seu negócio.

4) Organize seu aprendizado e planeje suas inovações

Todo mundo gosta de novidade. Seu cliente, seu patrão, e a você! Então, não tenha medo de inovar, mas lembre-se: não basta ter uma ideia, ela precisa fazer sentido e realmente agregar valor! Se hoje uma criança pequena pega o celular e acessa a maioria das plataformas sozinha, o quanto você precisa aprender, o quanto ela já está na sua frente. Aprendizado, inovação e atualização da sua abordagem são essenciais. Tem que se adaptar o tempo todo ou você fica para trás. *Não esqueceu da bomba, né?* Ela te persegue!

Tudo é venda!

Antigamente, os presidentes das empresas costumavam ser especialistas em marketing. Na década de 1990 havia um apelo grande para isso, muito calcado nos trabalhos de Philip Kotler — cuja primeira palestra no Brasil eu tive o prazer de participar.

Nessa experiência, ele apresentou o famoso conceito dos quatro Ps do marketing: produto (*product*), preço (*price*), promoção (*promotion*), praça (*place*).

Naquela época, achava-se que os marqueteiros eram os grandes caras, os grandes sacadores. Com as crises, emergiram os craques da área financeira, que não deixavam a empresa quebrar. Até que se percebeu que quem toca o negócio, na prática, é quem sabe vender; é quem domina a arte de vender e de negociar.

A área de vendas é quem coloca o dinheiro para dentro. Sem vendas, não existe empresa nenhuma.

Há perguntas que me fazem quase todo dia. Uma delas é para que se aprimorar em vendas, para que se esforçar para tal.

A resposta é simples: Você quer vencer? Se a resposta for "sim", é por isso que você PRECISA se aprimorar em vendas.

Este livro é para quem quer vencer, para quem gosta de suar a camisa. Se você está achando que é autoajuda, esquece que não vai rolar. Não tem mistério; aqui é na prática, no sangue. Por isso, é importante dizer o que fazer, quando fazer, onde fazer e por qual motivo fazer. Assim que terminar esta leitura, aplique estes conceitos e ideias na sua empresa e na sua vida. Os resultados serão imediatos.

Capítulo 3:
Como Caminhar num Campo Minado

É aqui que vamos falar da bomba. Ou melhor, do seu concorrente! Esse daí tira o sono, mas só se você der tal poder a ele. Lembre-se: você está no comando e bomba nenhuma vai te acertar!

Concorrente é um sujeito que perturba todo mundo. Mas, obviamente, depende do concorrente.

O preparado, por exemplo, é ótimo. Você vai nessas ruas que têm muito comércio, como no centro de São Paulo ou do Rio de Janeiro, e percebe que quanto mais agressivo é o concorrente, mais para cima ele te puxa. Porém, é muito importante que você entenda o espaço dele.

Se você não leu a *Arte da Guerra*, vou te resumir a mensagem principal desse clássico aqui: "Conheça seu inimigo como a você mesmo." Se o cara quer te matar, irmão, você precisa antever os movimentos e saber onde estão os pontos fracos dele. É isso!

A melhor base estrutural e intelectual para se conceber a concorrência vem dos grandes estrategistas de guerra. Esses caras estudavam seus adversários como ninguém. É fundamental saber quem é seu concorrente: onde ele está, o que ele faz, o que faz melhor do que você e o que faz pior. A arte de encurralar um concorrente te dá muita vantagem competitiva. Uma pergunta que você deve se fazer diariamente é: como faço para não perder cliente para a concorrência?

Agora eu vou te contar por que você perde cliente para o concorrente:

1) O cliente não sabe que você existe

Já pensou nisso? Quem não é visto, não é lembrado. Se o cliente não sabe que você existe, ele compra de outro. Simples assim.

Esse papo de que você não se dá com o mundo digital é caminho certo para a falência. Não negue a realidade! Você tem a obrigação de estar no mundo digital se quiser levar seu negócio ao sucesso ou mesmo sobreviver com ele.

Além disso, uma boa divulgação do que você faz é o diferencial para se destacar.

2) O cliente sabe que você existe, mas não consegue te encontrar

O cara pesquisa o nome da sua empresa no Google, mas não te acha. Ele procura no Instagram, mas não te encontra. Ele não se depara com nenhuma propaganda sua, não vê divulgação, não vê nada. Sinto muito, você não existe!

Às vezes, você tem uma loja e não é visto por não fazer uma promoção de vendas ou um bom merchandising. A propósito, você sabe o que é merchandising? Merchandising é uma palavra da língua inglesa que significa "mercadorizar".

Quando você vê na novela alguém bebendo refrigerante e diz: "Olha o merchan!", saiba que está errado! O verdadeiro nome disso é propaganda subliminar.

Merchandising só acontece no ponto de venda. Se você tem um ponto de venda e o cliente não te encontra é porque sua vitrine não é atrativa. É porque a abordagem do seu primeiro vendedor não é atrativa, porque o letreiro da sua loja está malfeito. Ou simplesmente porque você não se comunica bem.

Enquanto isso, seu concorrente está nadando de braçada na sua frente.

3) O cliente até te encontra, mas compra do concorrente

Seja melhor que ele. Nem sempre o soldado que atira primeiro ou o que gasta mais munição sai vencedor da batalha. Vence quem faz melhor! Considere o seguinte exemplo: você está no shopping e quer comprar uma bola de futebol. Todo shopping grande tem mais de uma opção. Aí eu te pergunto: por que você compra de uma loja e não de outra? Simples, porque quem te vendeu o fez melhor do que o concorrente, não porque trabalhou mais. Shopping tem horário fixo para abrir e fechar, que é o mesmo para todas as lojas.

O segredo não é trabalhar muito, mas trabalhar melhor. É como remar: se você aprende a técnica para remar com mais eficiência, vai mais longe.

4) O concorrente é fundamental

O cliente já comprou, só que não compra mais. Aí é triste, não é? Significa que você está falhando no processo, no funil de vendas ou em alguma outra etapa. O processo de vendas tem que ser matador; se você não entende que as coisas têm início, meio e fim, vai sofrer sempre com o efeito maratona.

Lembra da São Silvestre? Na entrada tem umas trezentas pessoas, todo mundo se alongando, cartaz pendurado, fantasia, aquecimento... A motivação está a mil. Na largada, todo mundo sai. No primeiro quilômetro a maioria começa a pensar: *"Pô*, já cheguei até aqui; já valeu o esforço", e desiste. Como está mais preparado, o concorrente sai na frente e vai até o fim, enquanto você não sai da largada.

E por que ele sai na frente? Porque ele sabe que o percurso tem 15 quilômetros, tem subida, tem calor. E se preparou pra isso. Se você conhece a jornada do seu cliente, se prepare para ela, não deixe que ele escape para a concorrência em uma das etapas.

Capítulo 4:
Matar ou Morrer

Todos os dias o Vendedor Pit Bull sai de casa para vencer. Se for para perder é melhor nem levantar da cama! Na guerra é assim, ou você mata ou você morre, não tem meio-termo. Como já vimos no Capítulo 2, a meta foi traçada. Agora é correr atrás dela!

Lembra que para vencer uma guerra uma das premissas é não morrer? Então, agora é a hora de começar a entender como lidar com os tiros. Ou seja, o cliente!

Perceba só como este conceito é interessante: o "não" vem sempre antes do "sim". A primeira palavra que surge na mente do cliente, amigo, é o "não". "*Tá* caro", "é feio" e "parece que não vai durar", são todos "nãos" disfarçados.

Você já deve ter escutado que o "não" já temos, e que então devemos lutar pelo "sim". É exatamente assim que funciona. O vendedor vive pelo "sim"!

Se você pensa que estou te falando isso para deixá-lo motivado, esquece. É bem pelo contrário. Não existe "sim" sem esforço.

Sabia que você é um cara extremamente vitorioso? Deixa eu te contar o porquê. Tudo na vida é uma questão de dados, estatística, conhecimento. Achismo não serve para nada. Já parou para pensar como você chegou neste mundo? Tem gente que passa pela vida e não percebe o valor disso. A primeira coisa que você fez ao chegar neste mundo foi competir. A segunda foi vencer. Havia milhares de espermatozoides querendo alcançar o mesmo óvulo, mas quem alcançou foi você! O fato de a gente ter chegado até aqui é motivo de comemoração! No nosso subconsciente, já somos vitoriosos; é a vida que estraga a gente!

Seu psicológico começa a ser afetado desde o berço. Todo mundo que se aproxima fala a mesma coisa: "Olha que gracinha; olha que bonitinho..." Às vezes, você nem era tão bonito, ou vai ver era feio mesmo, mas todo mundo elogia, moldando seu subconsciente. Aí, quando ouve o primeiro "não", você faz cara feia, chora ou desiste. Tem gente que vai largar este livro pela metade ou mesmo antes. Se você pretende parar por aqui, se pretende desistir, saiba que essa é uma decisão para a vida.

Desistir é a parte mais fácil do jogo. Mas tem consequência.

Quando você vem ao mundo, recebe um treinamento básico para ser vítima, para se justificar e dar desculpas. Todo mundo recebe. E é por isso que o "não" vem sempre antes do "sim". Você deveria usar esse aspecto do subconsciente a seu favor, não contra você.

Já viu alguém tentar vender uma caneca a R$100 e o cliente dizer de primeira: "Maravilha, me dá mil delas?" Amigo, isso é história para boi dormir, não existe! A vida é luta, é competição. Primeiro vem o "não": "não quero", "não preciso", "não gosto".

Falo mais sobre esse assunto mais à frente no livro. Por enquanto, o importante é você entender que está aqui porque competiu, venceu e foi treinado para desistir, só que a escolha é sua.

E aí, vai matar ou morrer?

5 Regras de Ouro que Aprendi na Minha Jornada

1 — Cuidado com a crítica construtiva de quem nunca construiu nada
— Elimine coisas e pessoas que não contribuem com a sua evolução
— Corra das pessoas que só aparecem quando você ganha
— Ninguém quer te dar uma ajuda financeira, pagar seus boletos, mas crítica, como é de graça, tem uma fila enorme

2 — É melhor ter sangue nos olhos do que lágrimas
— Seja altamente impactante, feroz e persistente frente aos seus objetivos
— Vontade de vencer custa *zero reais* e é o ponto de partida para o sucesso
— O lamento pelo insucesso só serve se você tiver aprendido com o tropeço

3 — Seja mais forte que a sua melhor desculpa
— Um enorme diferencial competitivo: conhecer-se muito bem
— Se você sabe por que errou, não transforme em desculpa, mas em aprendizado
— Então, não se apegue na desculpa, mas na força

4 — Aprenda a se levantar sem a ajuda de ninguém
— Você não nasce forte, torna-se forte
— É você contra você todos os dias
— Lembre-se da regra número um: As pessoas só estarão com você se vencer. Portanto, saiba levantar sozinho

5 — Seu caráter é inabalável
— Dissemine o respeito
— Nunca abra mão dos seus valores
— Nunca feche os olhos para a sua visão

PARTE 2:
Se Vai Enfrentar uma Guerra, Tenha as Armas (Técnicas) Certas

Capítulo 5:
Como Vender Mais

Durante os mais de 35 anos que acumulei de experiência profissional como vendedor, gerente de vendas, diretor de vendas, presidente de organizações nacionais e multinacionais, empresário (graças a Deus, bem-sucedido) com mais de mil funcionários e escritórios em mais de 15 países, a pergunta que mais me fizeram, sem sombra de dúvida, foi: "Como é que eu faço para vender mais?" Minha resposta é outra pergunta: "Por que as pessoas compram?"

Isso não sou eu que vou te contar. Cada cliente é único e você precisa aprender a motivação de cada um. Não é uma ciência exata, tem que se esforçar e entender. Caso contrário, é tiro!

Por que as pessoas se dispõem a botar a mão no bolso e usar seu dinheiro para pagar por algo que você está vendendo?

Existem cinco razões, que são:

1) As pessoas compram porque gostam do vendedor

Ninguém compra nada de ninguém se não tiver a tal da empatia. A primeira coisa que a pessoa compra é o vendedor. Já ouviu falar que o vendedor, quando sai da empresa, leva os clientes com ele?

Um equívoco comum das empresas é achar que os clientes são dela. Não são. Os clientes são de quem atende, de quem cuida deles, de quem vende para eles.

Uma dica importante: os clientes são fiéis a quem resolve os problemas deles.

Por isso o papel do vendedor é tão importante para a empresa. Falo de recrutamento e seleção no Capítulo 26.

2) As pessoas compram porque o preço parece justo

Seja o que for, da forma que for; se é pela internet, na loja física ou na feira — a feira, inclusive, é um show de vendas —, as pessoas compram porque o preço parece adequado. Olha que interessante: quando parece adequado. Isso porque, quando o preço é justo, a venda está feita. Quando ele parece justo, você está no jogo.

Qual é o seu papel? Tornar isso uma verdade. Não é enganar ninguém, não; é fazer o cliente ver a vantagem, a funcionalidade, os benefícios que não está enxergando.

Então, as pessoas compram porque gostam do vendedor e porque o preço parece justo. Mas por que elas continuam comprando? Vamos ao terceiro tópico.

3) As pessoas compram para resolver um problema ou cobrir uma necessidade

O que você está vendendo, de alguma forma, resolve um problema ou atende a uma necessidade do cliente. Assim, as

TIRO, BOMBA E PORRADA

pessoas compram porque você atende a uma necessidade delas. E se isso não ficou claro para o cliente, é a hora do seu show, amigo. Mostra pra ele como você resolve um problema que ele tem!

Simples, porém fundamental.

4) As pessoas compram para aumentar sua produtividade

De alguma forma, você aumenta a produtividade do cliente. Esse é outro motivo diferencial.

Você já viu alguém comprar um carro para demorar mais a chegar no escritório? Já viu alguém trocar de computador para demorar mais a executar os programas? O cliente compra porque quer ter sua vida facilitada e sua produtividade aumentada. Uma dica: muitas vezes ele não descobre isso sozinho. Você precisa mostrar por que ele precisa do seu produto.

5) As pessoas compram porque percebem valor no que você está vendendo

Talvez esse seja o motivo mais importante que explica o porquê as pessoas compram. Quando compreendem o valor do seu produto ou serviço, o preço vira apenas um detalhe. Por exemplo, uma família não gasta milhares de reais para se apertar na classe econômica em um voo de 10 horas. Ela compra a vista para a Torre Eiffel no hotel que você escolheu para ela. O voo, embora seja o maior valor do pacote, é só um meio. E fazer o cliente perceber o valor disso é a arte que vai fazê-lo vender mais.

Capítulo 6:
Sniper (On-line)
ou Metralhadora (Presencial)?

Aqui começa aquela grande discussão a respeito do seguinte: vendo meu produto na rua, monto uma loja, vendo na internet ou esquematizo uma pirâmide?

É comum, hoje, dizerem que só se vende on-line. Isso é uma grande bobagem e um grande perigo. As duas estratégias podem ser vencedoras. O erro é tentar utilizar os mesmos conceitos nos dois canais. Não existe On-line x Presencial. Existe o que dá certo em um e o que dá certo em outro.

Sendo assim, quais são os produtos e/ou serviços que você pode e deve colocar para vender on-line?

Simples: todo produto ou serviço cujo valor possa ser comunicado de maneira clara. Um exemplo excelente é o livro. Sabia que é um dos produtos que mais vende on-line? Porque a internet só precisa comunicar o valor. Imagina que você entrou em um site e quer comprar o livro *O Vendedor Pit Bull*. Ele foi bem divulgado, você entra no anúncio e vai comprar. Você encontrou o livro e reconheceu a capa, assim, não precisa ir à livraria. Quando entra em qualquer um dos canais de marketplaces, você vê o resumo do livro, em alguns casos tem até o primeiro capítulo disponível para leitura gratuita. Para que sair do conforto da sua casa se você pode comprar on-line? Como o valor pode ser comunicado, não há necessidade.

Por outro lado, todo produto que possui valor agregado não é uma boa opção para se vender na internet. Um exemplo são as vendas que dependem de consultoria, ou seja, produtos mais complexos. Você acha que consegue vender um guindaste na internet? Você sabe qual é a porcentagem da população que compra carro pela internet? Já participei do lançamento de alguns modelos de carros de grandes marcas como Ford e Chevrolet, e é impressionante como as pessoas precisam ter contato com os produtos de valor agregado mais elevado. É a tal da experiência. Além disso, existem vários tipos de consumidor, sobre os quais falo no Capítulo 8.

Toda vez que é necessário comunicar mais do que apenas o preço e agregar valor, a internet pode te deixar na mão. Imagine que seu produto seja absolutamente técnico: não existe site que permita teste desse tipo de produto, logo a internet não é o melhor lugar para vendê-lo.

Não existe canal de distribuição ideal, existe a adequação do seu produto ou serviço a diversos canais de distribuição. Esse é o princípio do marketing e da venda: ter inteligência para segmentar mercados. Esse é o princípio da estratégia exclusiva.

Tem gente que pergunta assim: "Se você não está na internet, como pretende sobreviver?" São coisas distintas. Você pode estar na internet para se promover, para divulgar, para explicar ou para vender. E eu recomendo que esteja. Mas saiba por que você está lá. Lembra que falamos de definição de metas? A internet pode ajudar a cumpri-la, desde que você saiba o que quer!

Reforço: se o objetivo é vender, só funciona se o cliente precisar saber apenas o valor do produto ou serviço. Não funciona se ele precisar de algo mais do que apenas uma mera comunicação.

E como usar a internet a seu favor?

Você alguma vez já entrou em algum site para comprar um carro? Esse tipo de venda só funciona até certo ponto, porque o carro, novo ou usado, tem uma característica específica: ele é exclusivo. Eu e você podemos ter um carro do mesmo modelo, cor e ano, mas eles nunca serão iguais. Seminovo é estado e procedência, e cada um tem um estado e uma procedência. Assim, o funil para no meio do caminho, porque ele só agrega valor até certo ponto.

Agora eu te pergunto o seguinte: como a gente pode não ser fã dessa tal internet?

Outra questão que você não pode ignorar é o cliente que acessa o Google e não sabe direito o que quer. O Google é um site de busca. Tem gente que não sabe o que quer e tem gente que acha que sabe, mas não sabe. De repente, esse cara está navegando e encontra você, que fica todo contente. "O cara me achou, o cara acessou meu site!" Aí entra o detalhe: ele te achou, mas não comprou. Sequer ligou ou mandou um e-mail. Enquanto isso, o concorrente está bombando, porque está mais bem estruturado e comunica-se de maneira mais eficaz com seu público-alvo.

Assim, os clientes potenciais percebem os benefícios que a empresa pode gerar para eles. Caso contrário, não adianta.

Então, se escolheu estar na internet, estruture-se corretamente e prometa o que você realmente pode entregar.

Caso contrário, é bomba!

Imagine que o cara veja minha foto em alguma rede social. Quando me conhece pessoalmente, ele se decepciona. Com menos de 1,70 m, você tem que fazer uma entrega consistente!

Se está no mundo on-line, por exemplo, e teve menos de 1% de conversão, precisa entender que 1%, na internet, é um negócio gigante, então comemore. Só que aí entra o problema, amigo: os outros 99% que não fizeram negócio com você. Será que foram para o concorrente? Será que não entenderam o que você oferece? Ou pior ainda: será que entenderam, mas não gostaram? Se eles não gostaram, você está criando uma multidão que vai te destruir lá na frente, então é muito importante comemorar o 1% sem ignorar os 99% que não compraram.

Mire no 1% como um sniper, se for a sua meta. E, como um estrategista, estude como atingir os outros 99%.

Imagine que você abriu uma loja em um shopping (custa uma fortuna para manter). Quantas pessoas passam na porta da sua loja? Quantas entram? Quantas compram? O shopping tem um movimento enorme, não é? Quantas pessoas estão com uma sacolinha de outra loja na mão? E ainda tem gente que só foi tomar um café. E aí?

O mesmo vale para o mundo on-line: não é porque você teve cem acessos que foram cem negócios fechados. Tampouco esses cem acessos representam uma possibilidade de ter fechado cem negócios. Por isso, entender a visitação e a conversão, e saber o que fazer com isso, é muito importante.

Muito cuidado. As vendas on-line te conduzem por um caminho de facilidades, de escaladas, de acúmulo de volume. Considere um aluguel por temporada. O proprietário coloca um anúncio maravilhoso, fecha o negócio, mas na hora que vai entregar as chaves, a casa está suja e desorganizada. O que acontece? O ciclo de vendas da casa é interrompido: não tem recompra e o cliente não faz recomendação. E vender uma vez só, amigo, até minha avó vende. Sem contar que na internet há avaliações e comentários. Um desses negativo faz estrago!

Tanto num ponto presencial como na internet é preciso levar em conta diversos aspectos. Não tem canal ou ambiente sem tiro, bomba e porrada.

Capítulo 7:
Crise é Desculpa

Para começo de conversa, crise é desculpa de quem não sabe vender. Se numa guerra você ficar parado esperando, pode ter certeza que vai tomar bomba e tiro. Agora, se você sabe onde quer chegar e entende seu potencial, a vitória te espera!

Quando pensamos em crise, logo vemos que quem passa dificuldade são aqueles caras que sequer sabem o que vendem.

Negociar é algo tão fundamental que se você não souber usar não tira nem o controle remoto da mão do seu filho. Você negocia o dia inteiro, o tempo todo: perceba isso. Agora, imagine fazer isso por dinheiro, em escala. Tem que ter muita técnica.

Agora, se sabe o que está vendendo e conhece a dor do seu cliente, você vende. Se você não sabe o que está vendendo, não vende. Simples.

Sou advogado por formação. Fico pasmo com a quantidade de advogados que não sabe fechar negócio. E aí eu te pergunto: do que adianta o cara passar quatro anos estudando códigos e leis, se no final das contas ele não consegue mostrar ao cliente o benefício que irá gerar? De que adianta saber tudo sobre Direito se ele não consegue sequer fechar um contrato de honorários, se não consegue vender sua capacidade e sua aptidão? A resposta é fácil: não adianta de nada.

Imagine que seu filho foi preso. Você procura um advogado e ele te diz o seguinte: "Vamos entrar com um *habeas corpus*, depois vamos fazer uma defesa prévia, aí teremos uma audiência". Você não quer saber de nada disso, certo? Você quer seu filho solto.

Se ele soubesse vender, diria: "Vou trabalhar pela liberdade do seu filho".

Aí entra a questão: quanto custa a liberdade do seu filho? Essa é a cor, o tom da venda. Quem sabe vender, vende a essência. Vende a solução, agrega valor!

Quem não sabe vender, coloca a culpa na crise!

Quem sabe vender, não sofre com tiro e bomba. Vai para a porrada!

Capítulo 8:
Processo de Decisão: Cuidado com o Tiro

Todo mundo precisa aprender a vender. Não importa se você é ambulante, arquiteto, médico ou engenheiro; você precisa aprender a vender. Até para arrumar emprego, precisa vender suas habilidades e competências.

A má notícia é que se você não aprender, é tiro e bomba, meu amigo. Mas nem me preocupo com isso, porque se você está aqui, lendo, é porque quer e vai vencer!

Vem então uma questão importante: vender para quem? Como a pessoa que está do outro lado vai se comportar? O que ela vai achar de você? Tudo isso são técnicas que você vai aprender ou aprimorar.

Se visitar uma loja de eletroeletrônicos vai perceber que quem demonstra interesse em comprar uma TV pede ao vendedor que a ligue, que mostre seus recursos. O mesmo acontece quando alguém vai comprar um carro. Essa pessoa precisa ter a tal da experiência.

Três fatores influenciam o processo de compra: a mente, o coração e o bolso. O processo passa pelos três. Guarde isso!

Algo que costuma não faltar em bolsa de mulher é um batom. O que é um batom na bolsa de uma mulher? Tenho certeza de que a maioria diria que é um cosmético. Eu, por outro lado, enxergo a esperança de um romance. Tudo depende da maneira como as pessoas se comportam na hora de comprar. E como as pessoas se comportam antes, durante e depois de uma crise? O comportamento de compra é completamente diferente.

O mundo depois do isolamento social não é um novo mundo como se achava na época. Mas, algumas coisas mudaram e você precisa saber disso. Algumas informações que ficaram armazenadas na mente das pessoas influenciaram seu comportamento de compra. Vamos a eles.

O que as pessoas aprenderam durante a pandemia da Covid-19 e o consequente isolamento social? Começaram a perceber que não precisam de tudo o que achavam que precisavam para viver. Isso aumenta sua tendência de querer passar mais tempo com a família e priorizar sua segurança e sua liberdade. Vimos aumento no consumo de itens como mobiliário e objetos de decoração, e uma queda em restaurantes. Estes novos comportamentos já estão intrínsecos nas pessoas. Embora o mundo não tenha mudado tanto quanto imaginávamos, muita coisa está diferente, sim. Perceber essas sutilezas é importante.

Observe como o comportamento de compra influencia a economia. Agora, se ele não vai influenciar sua relação com o consumidor. Ele vai gastar mais vezes, com menos dinheiro. A visão do consumo passa pelo poder aquisitivo, pela decisão entre produtos e marcas, preços competitivos, questões como qualidade e garantia, facilidade de pagamento e, muito importante, pontos de vendas distintos. Significa que o cara vai te achar na internet, na loja, ou em qualquer outro lugar.

E se você não estiver lá: bomba! Seu concorrente estará!

A necessidade da compra é sempre racional, mas a decisão é sempre emocional

Processo de decisão de compra:

Para saber se o cliente vai continuar comprando com você ou não, fique atento, porque você está sempre sendo avaliado. Quem paga pelo seu serviço ou produto não quer te compreender, quer te julgar! É tiro pra todo lado!

E aí entra a famosa pergunta: por que alguém compraria da sua empresa? Já te perguntaram isso?

"Ah, porque eu atendo direitinho" e "Porque meu preço é bom" não são respostas válidas.

Vamos ao nível estratégico:

Por que as pessoas compram?

As pessoas compram de você porque querem vivenciar a experiência do seu produto ou serviço, pois elas aprenderam a admirar a qualidade daquilo que você se propõe a fazer ou do que tem na sua prateleira. Elas prestigiam sua entrega devido ao preço ser justo e à logística ser executável. Isso significa simplesmente que o produto ou serviço será entregue.

Algo que está muito na moda hoje em dia, antes de qualquer coisa, é entender o cliente. Mas que cliente é esse?

Amigo, vai ser muito difícil avaliar todo mundo que passa na sua loja ou visita seu site. Porém, você precisa aprender alguns conceitos fundamentais que ajudarão a distinguir os tipos de clientes e, consequentemente, os diferentes processos de decisão.

Imagina que você está ouvindo passos e vendo pegadas. Pelo som, talvez não dê para distinguir, mas pela aparência você sabe se quem passou foi um cachorro, um lobo ou um leão. Por isso, você precisa aprender a identificar e distinguir as pegadas do cliente.

Existem quatro estilos de consumidores:

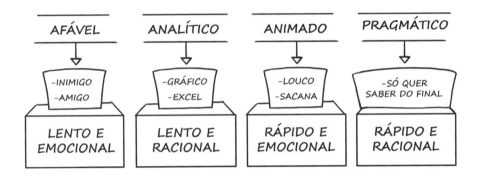

Qual deles é o seu? É o afável, aquele cara que parece teu amigo de infância, íntimo, mas que é lento e extremamente emocional para decidir?

É o analítico, que tem sede de ver números e gráficos para tomar uma decisão por ser muito racional?

É o animado, mais fácil de vender e de ter uma insatisfação futura por causa da expectativa excedente?

Ou é o pragmático, que fica te cortando com perguntas como "quanto é?" ou "como funciona?" para ir direto ao ponto de maneira rápida e absolutamente racional?

É muito importante saber para quem você está vendendo, porque a pegada de um lobo e a de um leão são bem diferentes, assim como o problema deles se você não souber distinguir. Saber identificar cada um desses perfis e utilizar os gatilhos certos para cada um deles é o que faz a diferença.

Capítulo 9:
Desviando de Bombas e Tiros

Amigo, acho que você já sabe: a vida não é fácil. Mas se fosse seria uma maravilha, hein?

Já pensou que bom seria vender sem ter objeção nenhuma? Costumo dizer que a objeção é o drama dos desesperados. Agora, você precisa entender o que é a objeção, caso contrário, vai se assustar quando acontecer. E ela pode vir em várias formas: tiro, bomba, pedrada...

Com frequência, a objeção tem a finalidade de atrasar a decisão de compra. Ela existe porque o cara quer te esfolar, ele quer conseguir o melhor preço: é a batalha da venda. Arme-se para não perder!

Existe também para abalar seu emocional, para te tirar da sua condição de negociante; para te deixar nocauteado. O cliente faz isso, muitas vezes inconscientemente, para ficar no comando. Tem que saber lidar com ela!

A objeção existe para que o cliente fuja da responsabilidade e a deixe em suas mãos. Existe porque o cliente quer demonstrar certo desinteresse pelo produto e, assim, dominar a negociação e abrir mais possibilidades. Tem que ter cuidado e controle emocional!

Muitas vezes, você não percebe a objeção porque existe uma intenção oculta nela.

O cara está objetando porque quer mais riqueza de detalhes. Imagine um jogo de futebol: você já assistiu a um jogo de noventa minutos que não teve nenhuma falta? Em todo jogo ocorre pelo menos uma falta, e ela pode ser uma excelente oportunidade para quem está preparado.

A falta é uma objeção. A diferença é que, para os grandes craques, a objeção é uma oportunidade. E para os grandes craques de vendas, também. Você tem que ser aliado das objeções. Quanto melhor você entender por que o cara parou, mais chances tem de sair na frente dele.

A cada objeção que vence, você ganha mais autoridade. A cada vez que o cliente diz A e você prova que, na verdade, é B, mais a sua credibilidade aumenta. A objeção não tem só o lado negativo. Muitas vezes, você acaba desistindo no meio do caminho por achar que ela te trava. Ou pior, dá descontos e condições inexistentes para acabar logo com aquilo.

A objeção pode te impulsionar. Mas pode ser uma facada no seu coração. Depende de como você escolhe lidar com ela.

Muitas vezes, você acaba confundindo o estilo de comprador com objeção. Às vezes, o consumidor é aquele cara que pergunta muito, que te estressa. Mas isso não quer dizer necessariamente que seja uma objeção; pode ser que seja o estilo dele.

Um conceito de que gosto muito é o dos Ds da objeção:

Os Ds da Objeção

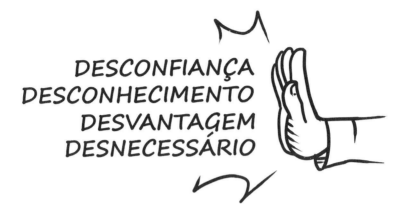

DESCONFIANÇA
DESCONHECIMENTO
DESVANTAGEM
DESNECESSÁRIO

Muitas vezes, a objeção reflete um desejo de compra. Se você não estiver determinado a vender, vai perder a venda.

Você sabia que, segundo estudos, 63% das vendas acontecem depois da sexta objeção? Agora olha que lamentável: 75% dos vendedores, em média, desistem da venda na primeira objeção. Sabe por que isso acontece? Falta de treinamento. Esses vendedores não sabem que, na maioria das vezes, a objeção é uma grande oportunidade. Lembre-se do exemplo da falta. A falta é uma objeção. Se você sabe bater falta, sabe como transformar uma objeção em oportunidade para marcar um gol.

Existem alguns tipos clássicos de objeções:

1) A objeção psicológica

Será que sim? Será que não? Essa é severa, e acontece muito.

2) A tortura

O cara vai te interrompendo a cada minuto para ver se você desiste de uma vez.

3) A objeção da hierarquia

Essa acontece quando o cara começa a colocar pedras no caminho a fim de se posicionar como dominante na relação.

4) A objeção do preço

"Nossa, por que tão caro?", "Mas R$10, isso tudo?", "Como consigo pagar tanto?" O cara fixa no preço. Toda vez que isso acontece é porque não entendeu o que você está vendendo para ele.

5) A objeção da riqueza

O cliente acha que o produto/serviço não se adequa aos padrões dele.

6) A objeção do interesse

"Não quero", "não preciso" ou mesmo "não tenho interesse" são argumentos comuns.

7) A objeção do blefe

O cara blefa mesmo, na cara dura. Nem ele sabe o que está dizendo, e você, na ânsia de vender, entra na historinha dele.

Quantas vezes você já ouviu frases do tipo "não tenho tempo", "não tenho essa necessidade", "não gostei" ou "vou pensar e depois volto"?

Amigo, a objeção é uma grande oportunidade para vender. Esteja armado para contra-atacar cada uma delas e aproveite!

5 Conselhos que Divido com Meus Filhos

1 - O mundo não liga para as suas desculpas
- Faça, faça e faça sem parar
- Se você fracassou, as pessoas não vão querer te ouvir, portanto, vença!
- Não pare enquanto não vencer!

2 - Ajuste o foco o tempo todo
- Tudo passa, não olhe para trás: não é para lá que você está indo
- Velocidade para mudar de direção é um dos segredos do sucesso
- Não tenha medo de mudar, tenha medo de não sair do lugar!

3 - Na paz, esteja preparado para a guerra!
- A crise e o colapso jamais vão agendar uma reunião com você, elas chutam a porta e entram
- Desconfie de quando estiver tudo bem. Esteja sempre preparado para resolver problemas
- Tenha um plano pronto para gestão de crises

4 - Reclame menos, agradeça mais
- Jamais conseguirão abalar a sua fé e vontade de vencer
- Sua fé não é testada nos melhores dias e sim nos piores
- Ninguém gosta de ficar ao lado de quem só reclama

5 - Seja fiel aos seus princípios de batalha
- Humildade
- Sinceridade
- Amizade

PARTE 3:
Plano de Ação: Você e sua Tropa de Elite Entrando em Campo

Capítulo 10:
É a Estratégia que Vence uma Guerra

Quando as tropas aliadas desembarcaram na Normandia em 1944, existia um plano de ação muito bem estruturado e que não envolvia apenas aquela frente da guerra. Este plano resultou nada menos do que no fim da Segunda Guerra Mundial e na vitória dos aliados. Já disse na primeira parte e repito: tenha um plano de ação, porque na vida de um vendedor, todo dia é o Dia D.

Estou certo de que, pelo menos uma vez, você já se perguntou: "por que eu não estou evoluindo?", "Por que meu negócio não está vendendo?", "Por que eu não estou tendo sucesso?" A resposta é a mesma para todas as perguntas: por falta de um plano de ação adequado.

Você sabe qual é a essência do plano de ação? Uma boa estratégia. E esqueça as explicações que te deram até hoje. Esta palavra entrou na moda e as pessoas repetem por aí sem saber o que falam.

Se você perguntar a algumas pessoas o que é estratégia, a maioria não sabe de verdade. E mais perigoso do que não saber é achar que sabe.

Para ter um plano que funcione, precisa entender bem o que é estratégia.

> *O que é estratégia?*
> *Estratégia é a criação de um valor único, é realizar atividades diferentes de formas iguais. Estratégia é o que especifica o que a sua empresa efetivamente faz.*

As pessoas confundem as coisas. Você não pode cair nessa bobagem de confundir eficácia operacional com estratégia. Fazer as coisas da maneira certa não significa ser estratégico, isso é ter eficácia operacional; o que é importante, mas não resolve tudo.

A essência de uma boa estratégia, na verdade, está em fazer as coisas certas.

Você está em uma guerra: estratégia é saber quando e de que maneira atacar. É completamente diferente de ter eficácia em um ataque que não foi bem planejado. São coisas completamente distintas.

Gestores, grande parte das vezes, cometem esse erro clássico de confundir eficácia operacional com estratégia. Você não vai mais cometer essa gafe! Pare de se preocupar com a melhor forma de fazer as coisas. Isso é eficácia operacional, isso é obrigação e não tem nada a ver com estratégia.

Uma boa estratégia possui quatro pilares:

1) Diagnóstico

É o que o médico te dá durante a consulta. Agora, pense no funil de vendas: se tem um monte de gente entrando, por que a conversão está tão baixa? Você tem que entender, precisa saber diagnosticar. Ainda não estamos falando sobre encontrar soluções, apenas sobre encontrar o problema. Segure a ansiedade!

2) Execução

O mais importante é a gestão estratégica. Não adianta ter uma estratégia se você não sabe conduzi-la. Colocar em prática com excelência é primordial! É como ter uma excelente estratégia para derrotar o inimigo no meio de uma guerra e o general ficar com medo de partir para o combate.

3) Visão e tendência

Tome como exemplo o celular: já acrescentaram tanta utilidade no negócio que, hoje em dia, quase ninguém compra celular por causa do telefone em si. As pessoas compram celular por causa do GPS, do WhatsApp, para tirar e compartilhar suas fotos, para se conectar com outras pessoas e etc. Porém, em essência, o primordial seria o telefone. Isso é visão.

4) Controle

Ao estruturar seu plano, você precisa de dados: o que acontece no macroambiente e no microambiente. O que acontece dentro e fora do negócio e o que o acompanha. Hoje, em tempos de Business Intelligence, não existem mais desculpas para não ter os dados em suas mãos e, de preferência, em tempo real.

Agora, vamos para a sequência de ações, a fim de elaborar uma boa estratégia:

A primeira coisa a se fazer é pesquisar. Em seguida, segmentar. Você precisa saber o que vai vender, onde, para quem, com que embalagem e como vai entregar.

Isso é segmentar e, obviamente, você só vai fazer uma boa segmentação se fizer uma boa pesquisa antes. Cuidado! Não é achismo, e sim algo com base em dados reais. Apegue-se ao achismo e logo a bomba, aquela mesma que está pensando, vai te achar!

Estamos falando, de novo, do funil. Você precisa segmentar para conseguir a maior conversão possível. Em seguida, você precisa se posicionar e priorizar.

Como? Eu explico.

Posicionamento é o grande lance da estratégia. Se você quer vender barato, tem que se posicionar com quem vende barato. Então, suponho que saiba para quem quer vender, conheça o cliente e saiba que o fator preço é importante para ele.

Muito importante: se você conhece as dores, o comportamento e as necessidades do público que quer atingir, não tem concorrente. Você está livre da bomba!

Aqui vai um exemplo: sabe quanto custa uma esfiha em um restaurante árabe? Cerca de R$10,00. No site do Habib's custa no mínimo R$2,99. Ela é melhor do que a outra? Não faz diferença, porque o público é diferente. Isso é posicionamento. Um se posicionou para vender barato, enquanto o outro, para vender qualidade. O posicionamento é o pai da estratégia.

Priorização está relacionada à ordem dos fatores que, nesse caso, altera o produto. A estratégia precisa dizer o que fazer e quando fazer, sempre com análise do que foi feito e feedback para que haja controle.

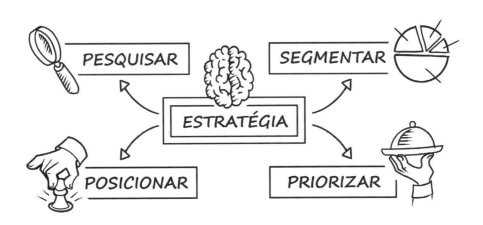

Voltando ao funil de vendas, que todo mundo gosta: imagine que entrem mil clientes no funil que você projetou. Você consegue colocar mil pessoas em contato com sua empresa, seja on-line ou presencialmente, não importa. Você se comunicou bem, apresentou sua empresa para mil pessoas; e dessas mil, apenas cem foram falar com você. Cem ligaram para o seu escritório, mandaram e-mail ou se inscreveram na sua lista. Dessas cem, você vendeu para cinco.

Aí eu te pergunto: o que fez com que essas cinco pessoas comprassem? Por que você não vendeu para as outras 95? Esse é um dos objetivos da estratégia: analisar a realidade, entender seus "porquês" e "comos".

Estratégia é uma palavra bonita de falar e simples de realizar: basta se embasar em seus fundamentos. É dessa maneira que se planeja e gera resultados. Aí sim, você vai ter uma vantagem competitiva no seu negócio, que vai te destacar da maioria.

Mergulhado no oceano vermelho ninguém quer ficar, meu amigo. Nem você, nem eu e nem o concorrente!

Capítulo 11:
Como Ter Vantagem Competitiva

Criar vantagem competitiva é se distanciar do seu concorrente; é ir para um lugar onde você é único: o seu ambiente. É porrada! E como fazer isso?

Você vai precisar de:

Muita coisa? Achou que seria fácil?

Tem mais, vamos lá. Primeiro, é importante entender que criação de oportunidade é diferente de ter uma área de eficiência e inovação.

Em seguida, você precisa ter em mente que capacidade de adaptação significa saber reconfigurar seus recursos. Às vezes, você tem recursos na sua empresa que está subutilizando ou utilizando mal. Reconfigurar o que você já tem é diferente de trazer coisas novas, que é bem mais caro. E normalmente funciona.

Outro fator de muita importância é agir em tempo real. Hoje em dia, os grandes negócios, que o pessoal chama de "startups unicórnio", são os que possuem logística flexível, são escaláveis e cabem dentro de um celular. Esses dominam o mundo. O resto é história.

Por último, você gera vantagem competitiva diminuindo os custos e aumentando a qualidade.

A vantagem competitiva passa por esses pontos. Quando você tem estratégia, quando tem vantagem competitiva, você tem condição de desenvolver táticas operacionais para fazer o negócio dar certo, e essas táticas passam por operação e controle.

Lembra-se do funil? Se você não controla o que está acontecendo nele, não interessa quantas pessoas entram. Se você não sabe se o prato que serviu chegou quente na mesa do cliente, se a pizza que o entregador do iFood levou a 100Km/h chegou torta, todo seu esforço vai por água abaixo.

Você tem que pensar sempre no consumidor, no canal, no custo, no contexto, no concorrente e, claro, na sua empresa. Isso tudo é operacional. Aspectos como produto, preço, comunicação, distribuição e etc. precisam estar no seu plano de ação. Eles são responsáveis diretos pelo sucesso do seu negócio.

Os objetivos existem para orientar sua empresa, seu negócio ou mesmo a empresa em que você trabalha. Tem algo que nunca vai mudar: o cara que é vendedor não necessariamente é empreendedor. Para ter sucesso você não precisa empreender. Às vezes, não é o seu perfil, e não tem problema nenhum. O perfil do empreendedor basicamente é alguém que não se incomoda em assumir riscos, que tem competências multidisciplinares. O vendedor, não. Vendedor é aquele cara matador, um sniper.

Agora, se você tem um negócio ou trabalha no negócio de alguém, precisa entender o mindset, os pilares de uma empresa de sucesso. Não interessa o tamanho da empresa, se é uma gigante como a Coca-Cola ou uma padaria que você abriu faz uma semana. Algumas empresas, como o Google, começaram em uma garagem. O Facebook, por exemplo, nasceu de uma conversa. Por que não pode ser você?

As empresas de sucesso estruturam sua lógica da seguinte maneira:

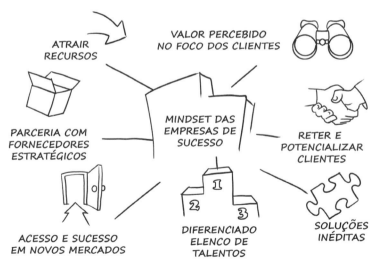

Não interessa o que você construiu, interessa o que o cliente percebe da sua construção. E isso não vai mudar; então, se o cliente não perceber o que está na sua cabeça, não use isso como desculpa. Comunicar-se corretamente faz parte do negócio.

As empresas de sucesso têm, enraizado em seu planejamento e em sua estratégia, o objetivo de reter o cliente para comprar mais e de novo. Elas pensam o tempo todo em soluções inéditas, como: o que fazer diferente, como superar o concorrente, como melhorar o desempenho da equipe, como contratar os melhores profissionais e etc.

Elas investem em treinamento porque é muito mais barato treinar do que ficar com um cara despreparado. São movidas pelo sucesso dos mercados emergentes e fazem parcerias estratégicas, porque ninguém vai a lugar nenhum sozinho. Se você não se enquadra nesse universo, está com os dias contados.

Antes, as pessoas vendiam em um mundo simples, absolutamente controlável, previsível, lento e estável. Hoje, elas vendem em um mundo complexo, dinâmico, imprevisível, instável e completamente fora de controle. Uma verdadeira loucura. É tiro, bomba e porrada pra todo lado!

Não adianta ficar dizendo que o mundo está chato, que essa geração é ruim e etc. Enquanto você reclama, seu concorrente vende e deixa pra você um campo minado. Preste atenção para não pisar em uma bomba e explodir enquanto não aceita as mudanças!

Então, amigo, saia dessa de ser *old school* e ficar off-line. Este livro é para te ajudar a sobreviver, a atravessar o deserto e saber o que fazer logo em seguida, porque, caso contrário, a travessia terá sido em vão. Vamos juntos nessa, conheço sua dor e vou te ajudar!

Vamos começar com o circuito dos seis pontos para que siga com o seu plano de ação:

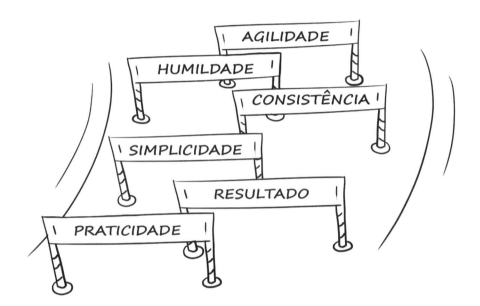

Capítulo 12:
Feedback

A vida não é feita apenas de bomba e tiro vindos do ambiente externo. Olhar para dentro também faz parte do jogo e é muito importante. Extrair o melhor de cada um que trabalha com você e de si mesmo é essencial para vencer. Analisar erros e acertos e apontar caminhos para melhorar é obrigação de todo gestor. Existem algumas ferramentas para isso.

Quantas vezes você já ouviu falar em feedback? *Tá* na moda *né*? Até em casa sua esposa te dá feedback, não é? Aposto que ela vira para você e diz assim: "Vamos ter uma DR, vou te dar um feedback..." O que muita gente não sabe é que quase todo mundo está fazendo feedback da forma errada.

É muito importante entender a função do feedback, saber aproveitá-lo ao máximo, conhecer suas principais características, o potencial que gera e os malefícios de não fazê-lo direito.

Pode parecer algo simples, mas não é. Muita gente subestima o feedback ou o faz por mera obrigação. Ledo engano: ele funciona como uma mola propulsora que potencializa o desempenho.

Basicamente, sua função é ampliar a consciência e a percepção, melhorando o relacionamento da equipe e o desempenho coletivo.

Existem três tipos de feedback: o da revisão, o da autoestima e o bom, que é o que funciona.

Vou te dar um exemplo para não esquecer nunca mais: imagine que você está jogando dardos. Depois de errar o alvo algumas vezes, vem alguém e diz: "Olha, vou te dar um feedback; você errou todos". Preciso dizer que isso é inútil? Esse é o feedback de revisão, que não adianta nem produz nada.

Agora imagine se esse cara dissesse o seguinte: "Está indo bem, continue que você vai acertar. Foca a bolinha preta do meio, confie no seu potencial que você é o melhor!" Esse é o feedback da autoestima, quase tão inútil quanto o outro, só que esse pelo menos motiva.

Por último, o feedback bom é aquele que instrui para melhorar o desempenho. Você vai lançar outro dardo e o cara diz: "Espere, a posição não é essa, não; levante mais o braço. Não olhe para o dardo, olhe para o alvo. Solte o dardo um pouco depois..." Esse é o feedback bom, que tem hora certa para acontecer e é fundamentado em dados específicos.

Aí entra outra questão: como superar as dificuldades apontadas no feedback?

Primeiro, estabelecendo uma relação de confiança recíproca. É necessário reconhecer que o feedback é um processo realizado em conjunto. Você precisa aprender a receber e a dar feedback sem ficar na defensiva. Afinal, você não está sendo acusado de nada. O feedback, desde que sincero, é para o seu bem.

Você não está frente ao pelotão de fuzilamento, mas frente a alguém que genuinamente quer que você melhore!

Em segundo lugar, você precisa aprender a dar feedback sem emoção. Feedback não é cinema, é avaliação. Fundamentalmente, você deve focar em comportamentos específicos, sem julgar os valores da pessoa.

E quais são as características de um bom feedback?

Ele precisa ser honesto, descritivo, específico, claro, construtivo, oportuno e bem orientado. Qualquer coisa diferente disso nem chega a ser feedback.

Cuidado, porque feedback malfeito é certeza de problema, meu amigo. E bota problema nisso.

Capítulo 13:
Gestão de Crise

Não tem como fugir! Sempre vai haver uma crise para gerir e você só vence uma quando resolve enfrentá-la. As crises costumam ser implacáveis com aqueles que fingem que elas não existem e com aqueles que sabem que elas estão aí e nada fazem. Todo mundo fala a respeito delas, das quais a história da humanidade está cheia. É crise econômica, crise política, crise pandêmica, enfim, tem crise para tudo quanto é lugar!

Não estou querendo agourá-lo, não. Mas pelos anos de experiência que tenho no mundo dos negócios e a projeção dos cenários futuros, posso afirmar com certeza que você ainda vai passar por muitas crises. Por isso, é fundamental que esteja preparado.

E eu vou te ajudar. Existem quatro passos básicos para gerenciamento de crises:

1) Construir uma equipe de especialistas para tomar decisões generalistas

Você não precisa de ninguém para ficar opinando ou dando palpite sobre o que fazer. Ou o cara é especialista e contribui com propriedade para uma decisão generalista ou é inútil. Simples. É como, em uma guerra, pedir para o recruta da tropa opinar sobre estratégias de bombardeio aéreo. *Vai dar ruim, né?*

2) Decidir rápido e ser preciso

Em época de crise, o tempo é o seu maior inimigo. Quanto mais você demora, mais ela vai te prejudicando. Por isso, você precisa ser ágil e eficaz.

Lembre-se de que a crise é um limite. Quando os recursos ficam mais escassos, você precisa tirar o máximo do mínimo. Já falamos de estratégia e plano de ação, *né?* Então, isso também cabe aqui.

3) Ser preciso e ágil, mas avaliar a extensão e a consequência das suas decisões

No dia a dia, na sua empresa, você vai pagar ou receber uma recompensa por tudo o que fizer, então, tudo vai depender da qualidade da sua decisão. Decidir rápido, não significa decidir qualquer coisa. Lembre-se, tudo tem consequência.

4) Montar uma equipe de pessoas que tenham inteligência emocional para gerenciar a crise

Isso é muito importante para lidar com os problemas sem entrar em pânico, porque o pânico é um pacote: com ele, vem o perigo e o desespero. As piores decisões são tomadas quando as pessoas estão com medo, ansiosas ou pressionadas. A má notícia é que a pressão sempre vai existir, e as outras duas emoções dependem de como você consegue lidar com ela.

E por acaso você já viu alguém se dar bem desesperado?

Por isso que inteligência emocional é um dos principais requisitos do gestor de uma Tropa de Elite.

5 Mandamentos que Norteiam Minha Vida

1 - Vá para a cama com uma ideia e acorde com uma meta
- Faça o que puder, com o que tiver, onde estiver
- Não julgue o seu dia pelo que colheu e sim pelo que plantou
- Nunca espere as condições perfeitas

2 - Nada é mais caro do que não fazer nada
- Aprenda a lutar sozinho
- Você é o que faz e não o que diz que vai fazer
- Camarão que fica parado, a onda leva

3 - Seja frio, cirúrgico e calculista ao assinar pactos e acordos
- A confiança é um jogo muito perigoso
- Todo acordo ou contrato contém alguma pegadinha; fique atento!
- Escolha muito bem em quem confiar, poucos estão realmente com você

4 - Aplique os melhores golpes durante a luta, não durante o treino
- Mar calmo não faz marinheiro bom
- Na hora da porrada, respeite sua adrenalina e intuição; vai pra cima
- Não economize energia, entregue tudo

5 - A lei do espelho matinal
- Antes de amar alguém, ame a si mesmo
- Repita todos os dias: "Eu sou vencedor, e hoje nada pode me parar"
- Olhe nos seus olhos e acredite: você é sim vencedor!

PARTE 4:
Escolha Suas Armas: Como Desenvolver Seu Processo de Vendas

Capítulo 14:
Processo de Vendas:
A Batalha Contínua

Você precisa entender que o processo de vendas é estruturado em três estágios: a pré-venda, a venda e a pré-venda da próxima venda.

Sim, até hoje você estava errado, porque não existe pós-venda. Numa guerra não existe apenas uma batalha. Se ganhou uma, precisa se preparar para outra. Então, meu amigo, faça-me o favor de nunca mais dizer "pós-venda" na sua vida. É um erro técnico, claro; observe como isso faz toda a diferença: não existe pós-venda porque a venda é cíclica, ela nunca termina. A única pessoa capaz de encerrar a venda é o vendedor que não sabe o que faz. E o vendedor que não sabe o que faz não dá porrada em ninguém. Só toma tiro e bomba!

Se a venda é cíclica, como é que pode ter pós alguma coisa? Pós-graduação só existe porque alguém se graduou antes, pós-morte só existe porque alguém morreu. De uma vez por todas: pós-venda não existe porque a venda não acaba no fechamento.

Se insistir em pensar assim, comece a pensar na sua carreira pós-vendedor, porque não vai rolar.

O que existe é a pré-venda da próxima venda. Nunca mais diga "pós-venda", porque esse conceito está errado e vai te deixar exposto a bombas e tiros. Caso não dê seguimento na venda, não acompanhe seu cliente, vai dar margem para o concorrente e depois vai ficar aí, reclamando do quanto a vida é injusta.

Agora que você já entendeu, vamos recapitular: o primeiro estágio é a pré-venda. É o momento em que você facilita a decisão de alguém, e faz isso através de uma promessa. O segundo momento é a concretização dessa promessa, é a entrega do combinado, que é a venda. A venda nada mais é do que a segurança de que aquilo que foi acordado será estritamente cumprido.

Mas, então, o que é a pré-venda da próxima venda?

Primeiro, é ter consciência de que vender é uma batalha contínua. Seu trabalho não acaba!

A pré-venda da próxima venda é você assegurar o benefício que entregou e reiniciar o ciclo. É por isso que a venda nunca acaba e é por isso que ela não morre, a menos que o vendedor faça besteira.

Vou te dar um exemplo fácil de entender: você está doido para sair com a mulher dos seus sonhos, até que, um belo dia, ela aceita o convite para jantar. Aí você vai, se arruma todo, leva ela a um restaurante romântico, pede um vinho chique, faz aquele "sambarilove" todo e fecha com uma noite de amor maravilhosa, com aquele desempenho que só você sabe dar. A princesa fica louca por você. Aí, na hora de deixá-la em casa, você fala: "Boa noite". *Tá* brincando, *né*? Você tem que perguntar como é que foi, se ela gostou! Então, quando ela confirmar, você vai dizer o seguinte: "Que ótimo. Vamos sair de novo quando?" Isso é a pré-venda da próxima venda!

A pré-venda da próxima venda é você garantir o benefício e dar continuidade! Não largue o seu cliente, acompanhe-o, dê continuidade na melhora que você ofereceu para a vida dele e entenda as necessidades dele. Quando alguém entra em contato com você para saber como foi a experiência de adquirir um produto ou serviço, essa pessoa está fazendo a pré-venda da próxima venda.

Ciclo de venda:

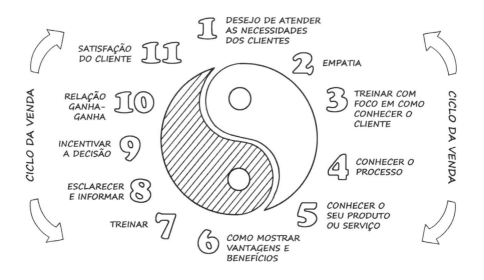

Escaneie essa foto, faça um quadro e coloque na parede!

Como eu já disse lá no começo, ninguém nasce vendedor. Logo, é preciso estudar, aprender e desenvolver técnicas. Então, vamos lá entender como funciona esse ciclo.

Esse ciclo tem onze etapas. E, se você não segui-las, simplesmente não sabe onde você vai parar. E, se você não sabe para onde está indo, significa que qualquer lugar serve.

Por isso se fala tanto em funil de vendas. Ele é importante só porque é bonito? Claro que não. Os desafios mudam com o tempo e, com eles, as maneiras de superar.

Veja só o exemplo do futebol: todo mundo acompanha, todo mundo pensa que é técnico e comenta que o jogador tal "quebra a linha" — esse termo que surgiu recentemente. Amigo, o Garrincha já fazia isso há muitos anos.

O funil é uma metodologia para enxergar seu empreendimento com mais clareza:

Agora, tendo o funil em mente, imagine que você fez um esforço enorme para gerar visitantes (que certas pessoas gostam de chamar de "*leads*"), e conseguiu converter alguns. Você capta esses visitantes e, em seguida, começa a classificar quem entrou, entender quem são esses caras, por que entraram no funil e por que estão ali. Em seguida, você precisa avaliar quais desafios e problemas esses clientes estão enfrentando e que solução vai apresentar para retê-los no funil.

Aí é que entra a conversão e, em seguida, o fechamento.

Imagine que lá em cima entraram 1.000 pessoas: você captou 1.000 *leads*. São pessoas que, no mínimo, se interessaram pelo seu produto ou serviço. Desses 1.000, você conseguiu avaliar, entender e interagir com 100. Aí, desses 100, você converteu 5. Apenas 5. O que aconteceu nesse caminho que, desses mil, só 100 interagiram com você e só 5 compraram?

Certamente, faltou um monte de coisa. Pode ser que você tenha negociado mal ou atendido mal. Por não ter conseguido preservar o ciclo da vendas e ter pulado etapas, você deixou lacunas no caminho, nas quais seu cliente caiu e desistiu de comprar com você.

Agora, pense comigo: como você faz para aumentar a conversão? Para que, desses 1.000 que entraram, em vez de apenas 100 falarem com você, falarem 200 ou 300, por exemplo. Ou para que em vez de fechar com apenas 5, você consiga fechar com 20, 30 ou 40.

Reflita: se hoje você fecha com 5, aprender essas técnicas e identificar o problema pode te levar a fechar com 10, que é o dobro! Já imaginou dobrar o resultado do teu negócio? Esse é o grande benefício que o funil proporciona. E é assim que se começa a dominar mercados.

Quando você identifica onde está errando e conserta, os resultados vêm. E, com esse funil, você pode ter uma conversão muito maior do que está tendo. Por isso ele é tão importante.

Agora, deixa eu te mostrar uma armadilha em que muita gente cai e é bobagem. O cara pensa assim: "Ah, estão entrando mil, então vou orientar meus esforços para entrarem dois mil, porque aí eu consigo aumentar a conversão." Mentira. A sua conversão só aumenta quando você entende no que está falhando e o que está faltando. Não caia na armadilha de achar que, se estão entrando mil, caso trabalhe para que entrem dois mil irá converter dez em vez de cinco. Você vai seguir parando no meio do caminho, porque as dificuldades continuam e aí podem vir as bombas. Os erros continuam e os concorrentes, enquanto isso, estão praticando as técnicas que você está aprendendo aqui neste livro.

Antes de botar mais gente no funil, pergunte-se por que os 95 que interagiram com você não fecharam. Esta sim é uma questão inteligente. O dever de casa que você precisa fazer: aplicar as técnicas que está aprendendo aqui. Aí sim a sua taxa de conversão vai aumentar e você vai poder aumentar a geração de *leads*.

Observe como a retroalimentação do funil é muito produtiva, rica e geradora de qualidade; faça isso antes de pensar em colocar mais gente nele. Sabe aqueles cinco caras que compraram de você? Já parou para pensar quanto valeria você estabelecer uma forma de se comunicar bem com eles, de interagir e entender os motivos que os fizeram comprar?

Se estabelecer um bom canal de comunicação e de interação com seus clientes, vai conseguir um bom feedback deles e, consequentemente, vai converter mais.

Vender mais para os mesmos clientes e se dedicar mais à conversão de quem já demonstrou algum interesse em fechar com você são caminhos possíveis de explorar com o funil.

Você já aprendeu o que é e a importância de um bom feedback no Capítulo 12. Agora é aplicar.

Estabeleça esse canal de comunicação com quem você converteu. Depois, volte lá naqueles 95 que desistiram e pratique. Você vai ver como vai dar certo.

Capítulo 15:
Hora da Porrada: Elaborando Seu Processo de Vendas

Regra de ouro:

Primeiro os seus leads têm que te descobrir, te conhecer, gostar e confiar em você: por isso, foque nas ferramentas do Google, YouTube e redes sociais.

Depois, ele precisa te considerar como uma solução, e isso só é possível se você entregar conteúdo relevante de alto valor agregado.

Aí sim, podemos começar a ver a consequência desse trabalho bem-feito em conversões!

Lembram que eu falei que porrada é o seu ambiente? Se o cara entrou no funil ele já está nele. Você já trouxe o potencial cliente para o seu site, para a sua loja ou ele já te ligou. Ao falar de processo de vendas e de funil de vendas, temos que falar da preparação para ambos.

A preparação deve ser lógica, de maneira que, ao projetar o funil, a primeira pergunta que você deve fazer é: qual é o problema que a sua empresa vai solucionar para cada *lead*?

Cada *lead* tem sua necessidade; cada um tem o próprio problema e algo urgente para resolver. Se te procuraram, é porque buscam algum tipo de solução. Assim, você tem que ter a solução para entregar. Isso se chama preparar o processo de venda.

Outra ideia interessante é apresentar cases de sucesso, que são basicamente depoimentos e provas sociais de pessoas que obtiveram soluções reais com o seu produto.

O dinheiro está curto e o tempo escasso, ninguém quer se aventurar na hora de comprar. As pessoas querem ficar no time dos bem-sucedidos. Mostre para essas pessoas que estão dentro do seu funil de vendas os cases de sucesso que seu produto possibilita.

Isso nos leva a outro fator determinante: o que o seu produto agrega, quais suas características e benefícios. Ao promover o seu produto, vá direto ao ponto; não crie embalagem bonita para um produto vazio, mas uma embalagem coerente com a dimensão do mesmo.

E, lembre-se de que é muito importante listar quais são as primeiras objeções durante a preparação do funil e do processo de vendas. Se não fizer isso, você vai ficar estagnado no meio do funil.

No Capítulo 14, apresentei um exemplo baseado no funil de vendas em que 95% dos clientes não foram convertidos. Isso acontece por falta de preparo e por falta de listagem das primeiras objeções que os clientes costumam apresentar, quando estão conhecendo as soluções que você está propondo. Não adianta jogar um monte de gente dentro do funil, porque os clientes, inevitavelmente, vão compará-lo com o concorrente. E se você não estiver preparado para as objeções, toma bomba.

E aí, quando a gente fala de concorrência, é fundamental que o cliente entenda o diferencial do seu produto. Se não, você vai voltar para o atendimento de novo e ficar estagnado lá. Dá uma olhada no Capítulo 3 se quiser saber mais sobre o concorrente e como lidar com ele.

Outro fator importante é entender que quem escolhe o cliente é você, não o contrário. Qual é o tipo de cliente que você quer para sua empresa? Esse é o cliente que você deve preparar para entrar no funil. Que tipo de pessoa é ideal para fechar negócio contigo? É você que decide e prepara isso.

Isso é fruto de uma boa abordagem. Olha quanta coisa você precisa fazer antes de abrir o funil e pensar em colocar gente dentro dele. Se o objetivo é converter, você tem que se preparar para converter. Nesse processo, você estará preparando a venda.

Existe um conceito que as pessoas chamam de "prospecção". Prospecção nada mais é do que caçar clientes o tempo todo. Quando você instaura uma equipe de vendas, uma das tarefas que precisa executar é orientar as atividades dos membros em função do tempo. Uma dessas atividades deve ser oxigenar a base de clientes. Um funil de qualidade é um funil oxigenado, com novos clientes. A diferença é que agora, com a experiência que você está adquirindo lendo este livro, os resultados serão diferentes.

E para obter esses resultados, um dos pontos cruciais é que tenha uma abordagem matadora, sem improviso. Quem gosta de improviso é repentista. Não improvise, você precisa ter um texto pronto, um script, um caminho a percorrer toda vez que conduzir o cliente através do funil. Lembre-se de que não é ele quem te conduz; é você que o conduz. Quando o contrário acontece, você não fecha a venda.

E aí é que entra uma outra dificuldade: entender as necessidades do seu cliente, o que chamo de "interpretar o cliente". Lembra que eu falei sobre conhecer o inimigo? O cliente não é seu inimigo, mas esta máxima vale aqui neste caso. Se você não tem uma capacidade de atendimento baseada em boas perguntas para obter boas respostas, não consegue interpretar o que seu cliente realmente quer. Não pense que a sua solução cabe no bolso de todo mundo; não é assim que a banda toca. Sua solução não foi feita para todo mundo. Nenhuma foi. Embora seja projetada para atender ao maior número possível de pessoas, ela foi feita para atender a um de cada vez.

Depois que você interpreta o cliente e usa uma abordagem clara, fica faltando só a proposta de valor irresistível. É, a palavra é irresistível mesmo. Se ela não for irresistível, o cara vai ficar te questionando e você vai acabar voltando para a fila do funil.

Faça uma proposta personalizada. Fuja do padrão. Entenda que o João e o Joaquim são do sexo masculino, mas que suas mulheres e famílias são diferentes. Que têm histórias de vida e visão de mundo diferentes. As pessoas não são iguais e gostam de soluções diferentes. Entenda as necessidades de cada um, seja por faixa etária, por região em que mora, pela dimensão do produto ou mesmo pelo preço.

Existem várias formas de personalizar sua proposta. Mas o principal é que ela seja irresistível e fundamentalmente mostre um benefício claro, bem claro. E o pulo do gato é que o conceito de irresistível é diferente para cada pessoa.

Quantos tipos de pastas de dente existem no mercado? É tanto benefício que você nem sabe qual comprar. Uma clareia, a outra é anticárie, uma outra deixa com bom hálito e tem umas que afirmam ter todos esses benefícios. O cliente fica perdido. Para evitar essa situação, seja claro no seu objetivo e na sua proposta. É isso e ponto, acabou.

Menos é mais, sempre. Principalmente no mundo on-line. Seja claro, porque a clareza faz toda a diferença. Quanto mais direto você for na sua proposta, maior o potencial que ela tem para ser irresistível.

E aí que você começa a caminhar para matar a venda, como um verdadeiro *Vendedor Pit Bull*.

Tem gente que tem medo de fechar a venda. Isso mesmo, medo. Sabe aquele atacante que chega na cara do gol e aí não sabe se chuta, se dribla o goleiro ou se passa para um companheiro? O medo faz com que ele não faça nada disso e o zagueiro tome a bola dele. Então, tenha confiança no seu processo. Se tem um processo, sabe o que fazer!

Canso de ver vendedor que na hora de fechar fica naquela: "Ah, então *tá*, que bom que o senhor gostou, a gente vai conversando, então. Obrigado, viu?" Medo! Medo de pedir a venda, de dizer: "O senhor gostou? Vamos fechar, então?" Tem gente que fica com medo do preço, escreve em um papelzinho e passa para o cara. Ou então manda aquela: "Vou te mandar a proposta por e-mail; vou te passar o preço pelo WhatsApp…"

O que é isso? Como assim? Na hora de dar aquela mordida digna de um Vendedor Pit Bull, o cara fica titubeando? Chute para o gol! Sem medo!

A hora do fechamento é a hora do pedido. De onde você acha que vem esse negócio de "bloco de pedido"? Vem lá dos tempos passados, quando a gente usava bloco de papel mesmo. O cara anotava o pedido do cliente, à mão. Enfim, se você não pedir a venda, o fechamento não vai acontecer, porque ele requer ação, mas muita ação mesmo. Quando você faz um fechamento sem medo, com consistência, sem improviso, faz seu dever de casa da forma correta. A partir daí, você começa a tornar a venda recorrente.

Para tornar a venda recorrente, você precisa seguir o cliente: tem que ver se a solução que você deu a ele realmente deu certo. Se você não quer tiro e nem bomba, não abandone o seu cliente. Quanto mais estiver do lado dele, mais ele vai comprar com você. E isso não é fácil. É uma luta: tem que ir para a porrada!

Outro fator importante: tenha critérios para medir a satisfação dele. Sabe quantas vezes eu fui a um restaurante e nunca mais voltei? Várias. Isso por um simples detalhe: deixei metade da comida no prato e o garçom não teve o bom senso de perguntar se eu gostei. Como você volta em um lugar que foi para ter uma experiência gastronômica e o cara não dá a menor importância se você gostou ou não?

Esses clientes fogem de você e não voltam mais! Depois, não adianta ficar reclamando de não ter venda recorrente. Siga seu cliente, acompanhe se a solução deu certo; não abandone ele. Gere satisfação sempre que possível.

Agora, deixa eu te fazer uma pergunta particular: você consegue detalhar o seu processo de vendas? Depois de tudo isso que você aprendeu aqui só sobre processo, consegue detalhar o seu?

TIRO, BOMBA E PORRADA

Bem, se você está com dificuldade de fazer isso, reveja as técnicas que acabamos de ver e desenhe seu processo de vendas. Em seguida, se você for dono do seu empreendimento, vai atender a um pedido meu fazendo o seguinte: sente com o seu gestor de vendas e um vendedor e peça que eles te expliquem o processo de vendas da empresa, do produto ou do serviço. Rapaz, vai ser uma riqueza que só. Às vezes, a gente descobre que está andando em um veículo a 120 km/h sem motorista.

Agora, você que trabalha em uma empresa, não interessa se é de pequeno, médio ou grande porte, o processo é sempre o mesmo. Se tem um líder ou chefe (se for chefe você está com azar, se for um líder, está com sorte) pratique o seguinte: faça perguntas. Não se esqueça de que o bom negociador faz perguntas.

Experimente chegar para o seu chefe, líder ou superior e dizer o seguinte: "Eu estou confuso com esse caminho que estamos seguindo... Você poderia esclarecer quais são os nossos diferenciais competitivos e repassar a construção do nosso processo de vendas, do passo a passo que devo seguir com o cliente?" Se ele não fez isso quando você chegou, no dia do seu treinamento, muitas perguntas já estão respondidas. O problema está aí.

Essa pode ser uma excelente oportunidade para você, mas das grandes mesmo, porque na hora que você se interessa, você se destaca. Na hora que aprende, você se distancia da maioria. E na hora que praticar, amigo, aí é que você vai ficar feliz da vida com a bufunfa extra que vai aparecer.

Estou te dando ferramentas para evoluir. As armas para você vencer as batalhas e, em seguida, a guerra.

O processo de venda é tão importante que a maioria dos lojistas (pelo menos os que fizeram meu treinamento), por exemplo, aprendem um outro conceito, inerente ao processo de venda, que é a leitura dinâmica do varejo. Imagine o seguinte exemplo: você trabalha em uma loja no shopping. Às 12h15 entra um cara de blazer com a camisa social aberta, usando calça de tergal e sapato, e diz: "Amigo, preciso de uma gravata!" Aí você vem com aquela: "Ah, gravata é aqui, mas e um sapato, o senhor não quer?" O cara responde: "Não, não, quero a gravata" Aí você tenta empurrar uma camisa para combinar com a gravata... Amigo, você está fazendo tudo errado! Não é hora da oferta, é hora de solução. O cara chegou com um problema simples, ele precisa apenas de uma gravata.

Agora, imagine que esse mesmo cara volta às 20h com a mulher dele, vestido do mesmo jeito, e diz: "Amigo, boa noite, eu queria uma gravata..." Aí é outra história. Primeiro, você não vai vender para ele, mas para a mulher dele, porque quem decide é ela. Isso se chama leitura dinâmica do varejo. Quando oferecer a gravata, você vai fazer a oferta para a pessoa certa. "Será que essa camisa não combina com essa gravata? O que a senhora acha?" Pronto. É só prestigiar que ela já vai gostar de você. Entendeu a diferença?

Agora são 10h30 de uma manhã de domingo. O mesmo cara entra com a mesma mulher e pede a mesma coisa, só que dessa vez ele está com o filho de cinco anos. Nesse caso, a primeira coisa que você precisa pensar é em como anular o menino, porque ele vai ser o maior influenciador e querer sair daquela loja bem rápido, e você não vai vender nada. Quando o cliente entra em uma loja de brinquedo, é completamente o inverso. Você vai vender para o pai? Não, *né*? Deixe a criança influenciar para que a mãe, ou o pai, decida.

A leitura dinâmica do varejo faz parte do processo de venda. Você precisa interpretar o que está acontecendo e aplicar a técnica certa na hora certa. Se não fizer essa leitura dinâmica, não vai gerar valor para o cliente. No primeiro caso, o que o cara queria? Comprar uma gravata? Não, ele precisava resolver um problema. Quando se resolve problema do cliente, você fica bem na foto.

Agora, quando você precisa de um entendimento mais específico do cliente e da venda, siga o que já te falei várias vezes: faça perguntas abertas e inteligentes. "O senhor precisa de uma gravata? Para que finalidade? Vai usar no trabalho ou é para ir a um casamento? Uma só basta?"

Se a criança está na loja com o responsável: é aniversário dela? Então é um procedimento. É uma compra aleatória? É uma comemoração especial? Aí o procedimento é outro. Se você não entender o "porquê", nunca vai entender o "para quê". Aí fica difícil, *né*, amigo. Então pergunte, pergunte e pergunte mais. Quanto melhor você conhecer o seu cliente e quais são os gatilhos que o fazem comprar, mais você vai vender! Na resposta para essas perguntas, sempre terá um processo a seguir, a fim de chegar ao final da venda e o cara dizer "sim".

5 Aprendizados que Me Levaram a Outro Nível

1 - O impossível é possível, desde que você alcance o imprevisível
- Faça coisas que nunca foram feitas antes
- Mentes fracas nunca vão entender as suas iniciativas
- Quem não inova, imita quem já fez; então, saia na frente

2 - Seja o arquiteto do seu futuro
- Planeje e execute o que você realmente quer, senão, vai ter que aceitar o que vier
- Deixar a vida te levar só é bonito em letra de música. Conduza seus passos e a sua carreira
- Se você tem um sonho, transforme-o em uma meta: crie um plano e execute

3 - O sucesso do seu passado não define o seu futuro
- Não adianta saber a resposta se a pergunta já mudou
- Não importa o tempo que passou e sim o tempo que você tem pela frente: o tempo voa, seja o piloto
- O que te trouxe até aqui não necessariamente vai te levar adiante. Não tenha medo de rever conceitos, processos e ideias

4 - Jamais negocie com a preguiça, ela sempre ganha
- Sem disciplina o talento não serve para nada
- Tudo acontece fora da zona de conforto; saia correndo de lá
- Não perca o foco, não desista, e lembre-se do processo e das técnicas

5 - Crie as suas próprias convicções
- Disseram que não poderia ser feito, agora me perguntam como é que eu fiz
- Respeite o seu processo, sua intuição e não perca de vista suas metas pessoais e profissionais
- Saiba quem está do seu lado sempre e a valorize

PARTE 5:
Padrão Pit Bull para Montar e Gerir uma Equipe de Elite

Capítulo 16:
Posicionamento

Perguntam-me com uma frequência enorme: "Como faço para minha equipe vender mais?"

Olha que interessante. Quanto vale isso? Se a resposta fosse simples, você não estaria lendo este livro. Até o final dele terá a resposta.

Antes de falar o que fazer, é importante que você saiba o que NÃO fazer. Um erro muito comum e gravíssimo que as pessoas cometem é achar que melhorar a performance de vendas é a mesma coisa que construir uma boa estratégia de vendas. São coisas diferentes.

Para aumentar o desempenho de vendas da sua equipe, você deve ter quatro fatores em mente ao conceber o processo de vendas:

1) Satisfazer os clientes

O seu processo de vendas, o seu funil, gera satisfação para os clientes?

Se a resposta for "não", nem preciso dizer que é necessário mudar isso aí.

2) Ampliar o mercado

O seu processo de vendas amplia o mercado?

Você tem que pensar grande, tem que pensar para cima, ir para a porrada. Ou você é caranguejo para andar de lado? O sucesso está à frente. Por isso, o mercado nunca pode ser uma barreira, ele deve ser sempre uma estrada contínua.

3) Garantir rentabilidade no processo

Do que adianta vender por R$10 algo que te custa R$11? Cujo custo operacional é R$7?

Seu processo de venda precisa gerar lucratividade. "Ah, Luppa, mas isso é óbvio." Não, não é não. Arrisco dizer que isso não está escrito no seu processo de vendas.

4) Fomentar a autorrealização da equipe

Se a equipe não se sente realizada, não funciona. Assim como você, eles também querem vencer. Crie novos Pit Bulls.

Para encarar os muitos desafios do mercado e das vendas, a equipe precisa se sentir realizada ao bater as metas. Se não tem recompensa, de que vale o sacrifício e a dedicação?

Bem, a gente já viu estratégia, venda, negociação e processo de venda. Agora eu vou te fazer uma pergunta: qual é a estratégia básica de uma força de vendas?

Aposto que você pensou aí consigo: "Competir para ser o melhor". Mas essa não é a resposta. A resposta certa é competir para ser único. Se você é único, meu amigo, você está em um lugar onde as bombas não chegam.

O seu funil de vendas precisa gerar valor, de maneira que, lá no final, o cliente te reconheça como único. Se só você resolve o problema dele, o preço não importa. Lembra-se da lucratividade?

Muito importante: ser único só é possível quando você segmenta o mercado, quando você separa, individualiza e trata de maneira exclusiva.

Seguem os pilares de uma boa estratégia de vendas:

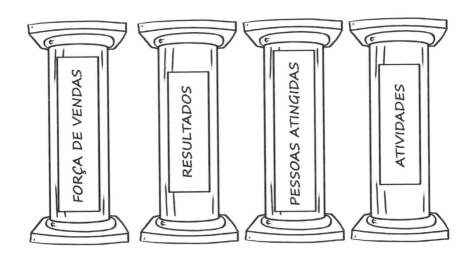

Montar Tropa de Elite de Vendas exige método. Dominar mercados também. E vou te mostrar como uma coisa está ligada a outra.

Quando a gente fala de força de vendas, tem que avaliar a remuneração, a produtividade e o treinamento. Pense e aja em função desses fatores determinantes.

Quando a gente fala em resultados, estamos falando das metas estabelecidas para a equipe, dos lucros esperados e do mercado que você objetiva atingir através de ampliação e segmentação.

Quando falamos de pessoas, estamos falando da maneira como você lida com os clientes, como se relaciona com eles, através de quais canais de distribuição.

Quando falamos de atividade, você tem que se preocupar com o conhecimento da sua equipe, com as competências, habilidades e valores que ela traz consigo.

Conheça o alcance, as características e o valor do seu produto. Às vezes, nem o cliente e nem você sabem de fato o que você vende. Como, então, montar uma estratégia sem saber o que está por trás do produto?

Quer ver um exemplo? O que leva um consumidor a entrar na loja da Kopenhagen e gastar R$150 em uma caixinha de chocolate minúscula? Quem você acha que é o maior concorrente da Kopenhagen? Aposto que você pensou aí no nível tático. Algumas marcas como Cacau Show, Garoto e Lacta vieram a sua mente, não é? Pena que está errado. Não é nada disso.

A Kopenhagen não vende chocolate, vende presentes e sedução. Quem vai à Kopenhagen não está preocupado com chocolate, mas em fazer com que alguém se sinta especial. Isso é sedução. Olha o que está por trás do produto! Assim, quem é o concorrente da Kopenhagen? É a Cacau Show? Não, o concorrente da Kopenhagen é uma floricultura, é um motel, é uma loja de lingerie... São esses caras que oferecem presentes e sedução.

Agora imagine uma Harley-Davidson. Você acha que o cara que compra uma Harley-Davidson está preocupado em comprar uma moto? É claro que não! O que a Harley-Davidson vende? Estilo, juventude, estilo de vida, experiência exclusiva. É isso que o cliente compra!

Então me responda: o que é que está por trás do seu produto? Que valor genuíno ele agrega ao cliente? Isso se chama posicionamento estratégico. Você pode se posicionar no preço ou na qualidade do serviço. Sem saber disso, você não domina mercados.

Lembra da empresa aérea TAM quando começou? Como eles convenceram um monte de gente de que o serviço era excelente? Simples, eles estenderam um tapete vermelho na escada do avião. Literalmente! Pronto. Além disso, antes do voo, o Comandante Rolim ficava no check-in, atendendo os passageiros. Isso é excelência no serviço.

Você pode se posicionar por conveniência ou por valor agregado, mas precisa ter um posicionamento, e ele tem que ser claro. Se o cliente não entende o que está por trás do seu produto, você vai ter que ficar explicando, e explicar o valor é muito difícil. O valor precisa estar escancarado.

Por isso se fala muito a respeito da cadeia de criação de valor. Como é que se gera valor? Valor só serve quando traz resultado e lucro. Assim, você só gera valor quando se relaciona bem com o cliente, gera satisfação, crescimento, demonstra ter ética, talento e recursos.

Outro detalhe importante: o foco não é o cliente, o foco é do cliente, não cometa esse erro. Leia novamente essa frase: o foco não é o cliente, o foco é do cliente. Não esqueça disso nunca!

"Ah, aqui a gente foca o cliente..." Isso não existe. Você precisa estar com o foco no cliente. Para onde ele está olhando? Para a direita? Então é para lá que você precisa ir. Do contrário, vai fazer um esforço tremendo para trazê-lo para a esquerda.

Tudo pode ser mais barato, mas se algo tem valor, tem preço. Se o valor está claro, o cliente vai pagar. Simples.

Lembra que eu falei que a estratégia de venda é a criação de um valor único? Esse é um conceito criado pelo famoso consultor Peter Drucker. Vamos a mais um exemplo: imagine que você quer comer um Big Mac. Você pode estar hospedado no maior hotel cinco estrelas do mundo, poder ir ao melhor restaurante do mundo segundo o Guia Michelin, mas Big Mac você só encontra no McDonald 's. Isso é valor único.

Onde está o valor? No produto. Lembra que eu falei do celular? Onde está o valor de um iPhone? No valor agregado, que vem com o produto. Isso é criação de valor único.

E o que é valor? Valor é o que você obtém quando subtrai o custo pago. Valor tem a ver com emoção, benefício, percepção. Se o seu produto não tem nada disso, não funciona. O que você acha que leva alguém a pagar caríssimo por um Rolex? Concorda comigo que o cara que faz isso espera um pouco mais do que apenas saber as horas? Isso acontece porque existem outros valores subjacentes que são do interesse do cliente.

É muito importante saber quantificar o valor e o benefício. Porque se você não souber quantificar as vantagens do seu produto, o seu concorrente sabe. E, além de levar bomba, você não chegará nem perto de dominar qualquer mercado. A única forma de lutar contra o preço baixo é sendo muito claro, óbvio, evidente. É escancarar o valor do benefício que o seu produto oferece. Se só o seu produto pode resolver o problema do seu cliente da forma que ele precisa, quer ou gosta, você é único. Isso, gerado em escala, é domínio de mercado.

Vamos a um exemplo. Eu estou com um relógio no meu pulso. Imagine alguém querer vender um relógio para mim agora. Eu vou vestir onde, no outro pulso? Pode ser o relógio mais barato do mundo, mas, para mim, neste momento, não tem valor, porque eu já tenho o suficiente, que é um relógio. Isso é muito importante, principalmente se as suas equipes de vendas não sabem vender o valor daquilo que têm que vender. Você vai viver na fossa da negociação do preço baixo. Não caia nessa. Mantenha o foco da sua equipe de vendas no valor, no benefício daquilo que você está vendendo.

É aqui que entra o papel de um cara que acho simplesmente indispensável para uma Tropa de Elite de Vendas: o líder de vendas. Falamos de posicionamento com a perspectiva de alguém que quer subir, que olha lá para cima. Agora, como você se posiciona quando está no caminho para chegar?

Uma alternativa é se posicionar fazendo diferente. E, para fazer diferente, você tem que ser específico.

Você vai a uma loja de surfe, e lá tem várias pranchas: a do seu tamanho, uma que é para o seu peso, profissionais, semi-profissionais, com design personalizado... Essa loja se posiciona fazendo coisas diferentes, exclusivas.

Você também pode se posicionar por ter uma vantagem competitiva, mas ela tem que ser de verdade, tem que ser absoluta. Imagine, por exemplo, que você tem uma gráfica. Uma das máquinas da sua loja possui quatro vezes mais eficácia operacional do que a média, ou seja, você produz quatro vezes mais. Uma gráfica com essa capacidade de produção é diferente de uma gráfica convencional. As vantagens competitivas são claras: você entrega material melhor e mais rápido do que a concorrência.

Você pode se posicionar por conveniência, e nem precisa ter uma mega empresa para isso. Veja o exemplo dos postos de gasolina, cujas lojas viraram centro de entretenimento, ponto de encontro. Muitas pessoas param no posto para ter a conveniência de comprar alguma coisa já que pararam ali para abastecer. É uma boa oportunidade para levar um chocolate, um picolé, uma pilha, de repente... Essa variedade de opções define um posicionamento pela necessidade.

Você pode se posicionar para brigar no mercado de igual para igual, coisa de Pit Bull mesmo: um mordendo o outro, chegando no preço... Ou você pode ter um posicionamento baseado em uma projeção do sucesso. Só existem três opções: você é bom, barato ou rápido. Não dá para ser os três. Você pode ser bom e barato, barato e rápido, ou bom e rápido. Escolha.

Se a sua empresa é pequena, você pode ser mais rápido do que o gigante, que demora mais para agir. Se estiver começando, você pode ter uma margem mais espremida e ser mais competitivo no preço, ou então se dedicar mais e aumentar a cauda de serviço para seu cliente, sendo melhor do que o concorrente.

Posicionamento tem a ver com inteligência. Tem um cara que é um exemplo de posicionamento extraordinário: o Gijo da linguiça, que fica em São Paulo. Esse cara é matador, ninguém segura ele. Tudo que ele produz, ele vende. Tudo!

Sabe por quê? Porque ele faz *handmade*, artesanalmente; ele se posiciona de maneira forte e convicta, personalizando o produto. Experimenta chegar na loja dele às 11h30... Você não compra nada, porque já acabou tudo. O cara é forte.

Aí você começa a entender com mais clareza o movimento do grande varejo. Lembro-me de quando chegaram as grandes marcas, da França e dos Estados Unidos, como o Carrefour e o Walmart, e começaram a destruir todo pequeno comércio que existia em volta. Mas o que tem acontecido hoje em dia? Justamente o contrário. As pessoas sentem falta daquele mercadinho de bairro, que quando você entra o atendente te chama pelo nome. Ele sabe o que você quer e compete com as grandes marcas customizando o serviço.

Então, deu para entender que dá para fazer. Montar uma Tropa de Elite de Vendas e dominar mercados é possível, basta ter técnica. Pegue a visão!

Os 5 Pilares de uma
TROPA DE ELITE

1 - Aprendizagem:

- O que deu certo, melhore. O que deu errado, corrija.
- Implemente as ações definidas no planejamento.
- Acompanhe os Resultados e compare-os com os objetivos.
- Faça os ajustes necessários e inicie um novo ciclo.

2 - Treinamento:

- O treinamento é fundamental para o desenvolvimento.

3 - Planejamento:

- Planeje sempre para cumprir a missão; prepare a equipe. Defina seus objetivos, identifique os processos e crie um plano de ação.

4 - Missão

- Tenha uma missão bem clara para o seu time. Dê relevância a cada processo para obter engajamento. Qual é o propósito da sua equipe?

5 - Avaliação:

- Avalie sempre seus resultados. Nunca repita erros.

4 mandamentos de uma tropa de elite de vendas

- Seja obcecado por planos. Cumpra a execução.
- Não espere que aconteça, faça acontecer.
- Seja disciplinado na execução dos processos.
- Lidere e motive sua equipe.

Equipes de alta performance entram para vencer:

- Tenha o melhor planejamento, a melhor preparação e a melhor execução.

- Isso tudo aprendi com meu amigo Paulo Storani!

Capítulo 17:
Liderança

No Capítulo 16, comentei a respeito da importância de um bom líder de vendas. Aqui, vamos entender com mais propriedade as características de um bom líder, essencial para uma Tropa de Elite de Vendas.

O bom líder não é o cara que cobra, é o cara que inspira e que tem visão ampla. Ele precisa entender o funcionamento da empresa sob o ponto de vista da receita, de trazer o dinheiro para dentro de casa. Precisa ter uma visão do negócio como um todo. Esse é o cara que tem que liderar a força de vendas.

E esse cara tem um foco, que é baseado em quatro pilares: orientar, motivar, monitorar e cobrar.

Um erro muito comum que vejo por aí (e você, que está lendo este livro, não pode cometer essa gafe), é inverter a ordem do processo. O cara gosta muito de cobrar, mas faz isso sem estabelecer os três primeiros pilares antes. Na ânsia pelo resultado, as pessoas começam de trás para frente; aí não tem como dar certo, *né*?

A essência de um bom líder é se adaptar rapidamente às mudanças, ter noção absoluta das prioridades da empresa e uma visão ampla de tudo que o cerca. Um bom líder é aquele cara que conquista a confiança das pessoas, que é proativo e persistente.

Mas como esse cara se torna um líder de vendas? Basta ser um bom vendedor? Não, não tem nada a ver. Ser um bom jogador de futebol não significa ser um bom técnico de futebol. O Pelé mesmo nunca treinou equipe nenhuma. Não é assim que funciona. São competências absolutamente distintas. Ser um bom vendedor não necessariamente fará de você um bom gerente ou um bom líder de vendas.

Abro aqui um parênteses: muito cuidado na hora de promover um vendedor a líder. Se fizer a escolha errada, corre o risco de perder um excelente vendedor e ganhar um péssimo líder. Esse filme se repete todos os dias em diversas empresas. Observar as características e interesses do colaborador antes de qualquer coisa é essencial para não errar.

Agora, prosseguindo. Um bom líder de vendas é um cara que tem capacidade de gerir e liderar, e, fundamentalmente, sabe lidar com as pessoas que não alcançam os resultados. Ao montar e gerir uma equipe de vendas, o foco deve ser, antes de qualquer outra coisa, recrutamento e seleção. Contratou mal, perdeu dinheiro.

Logo em seguida, o foco deve ser voltado ao treinamento. Não treinar certamente sai muito caro, não tenha dúvida disso.

Aí vem a remuneração e o incentivo. Se você não souber remunerar e incentivar, perde quem você treinou. Não existe Tropa de Elite insatisfeita com remunerações injustas.

Por último, temos a supervisão e a gestão da equipe. Plano, ação, meta, resultado!

Se você não tiver isso bem estruturado, vai ser difícil arrumar um bom líder de vendas.

E como saber se seu gestor de vendas está no caminho certo?

Vamos ao que interessa:

1) Quando ele está focado no resultado

Pragmatismo. Quem sabe faz ao vivo!

Não adianta dar voltas no problema, tem que pegar e resolver. Foco na solução, sempre! Simples.

2) Quando ele consegue te explicar o que está acontecendo

Até porque, se ele não sabe o que está dando errado, não é líder. Para resolver o problema, é necessário diagnosticá-lo, entender de onde ele vem e o motivo.

Se você não sabe de onde estão vindo as bombas e os tiros, não tem como desviar ou se defender, certo? Portanto, um radar que não os detecta, não serve.

3) Quando ele é capaz de gerir mudanças e pessoas

Adaptação é fundamental. Adaptar-se a uma circunstância desafiadora e gerir pessoas requer gostar de gente. Se você não gosta, vai ter muita dificuldade de gerenciar equipes.

4) Quando ele é bom com os números

Não precisa ser nenhum Einstein da matemática, não. O cara tem que saber interpretar o que os números estão dizendo, porque eles não mentem. O líder precisa entender e atuar no orçamento. Lembra que falei de visão ampla? Ele precisa saber quanto vai gastar, como vai gastar e por que vai gastar. Orçamento precisa de controle, de supervisão do que está sendo gasto e investido.

Esse é um bom líder de vendas, que vai te dizer: "Olha, essa verba que você liberou não está funcionando por causa disso e daquilo", "Essa verba que você colocou aqui não está virando conversão." Esse cara te ajuda a pensar, porque o foco dele está na qualidade da entrega, na atuação do modelo do funil, no alto desenvolvimento dele e no desenvolvimento pleno da equipe, na liderança do time, na criatividade, na inovação.

Esse cara se comunica bem, sabe falar, tem influência sobre as pessoas, negocia bem, é flexível, tem habilidades interpessoais, soluciona os problemas, toma decisões, planeja, organiza, sabe escrever...

Saber escrever? É, a questão é saber escrever. Tem e-mail que vende e tem e-mail que gera dor de cabeça. O mesmo acontece no WhatsApp: quando o cara não sabe escrever, gera um problema monstruoso. O que você fala para a sua equipe às 7h da manhã pode motivar ou acabar com o time.

Sabe aquela história de "todo mundo remando no mesmo barco"? Trabalho em equipe é isso. "Um" é um número tão pequeno que até para ser corno você precisa de duas pessoas! Você não vai alcançar a grandeza fazendo nada sozinho: você precisa de time, de equipe.

Não se vence uma guerra sem uma Tropa de Elite. E para que ela funcione, tem que ter o líder certo!

Valorize sua equipe.

O objetivo é muito mais importante do que a função. As pessoas, às vezes, estão preocupadas com onde estão, quando deveriam estar preocupadas com para onde querem ir. Aquela atenção no carro, no status, isso não funciona: te leva para a lama. Como é que você faz para motivar seu time de vendas a bater a meta todos os meses? Tem gente que acha que é só chegar em alguma loja, comprar dez TVs e fazer um sorteio. Nada disso. Teu concorrente é mais criativo, por isso você leva bomba!

Você motiva a força de vendas com sete fatores cruciais: remuneração adequada, liderança eficaz, um bom ambiente de trabalho, treinamento, reconhecimento, processo organizado e desafio.

Bem, quanto à remuneração, a lógica é bem simples: você espera que o cara esteja focado no que precisa fazer sem remunerá-lo da maneira devida? Difícil.

Liderança eficaz. As pessoas não abandonam a empresa, abandonam os seus líderes. Uma liderança eficaz motiva, inspira muito e ajuda a equipe a evoluir.

O ambiente de trabalho precisa ser motivacional e agradável. Ninguém gosta de trabalhar no meio do caos.

Treinamento: pilar essencial.

O cara precisa ver que você está dando subsídios e conteúdo para que ele evolua; que está o tornando uma pessoa melhor e mais capacitada. Isso é algo que transcende a empresa, porque ele vai carregar para o resto da vida: é patrimônio.

Reconhecimento.

Chame o vendedor pelo nome, bata nas costas dele e diga que foi um grande mês (se tiver sido mesmo, claro). Isso para um cara que faz a luta diária conta muito, faz toda a diferença.

Você precisa de um processo organizado. Se a logística não entrega, a tecnologia não funciona e o produto não chega quando e como deveria, o vendedor fica arrasado, porque não consegue gerar valor para o cliente e o perde. Aí a coisa não funciona.

E, por último, o que mais motiva um vendedor de uma Tropa de Elite, um cara que entrega resultado, são os desafios. São novas responsabilidades. Quanto mais desafios você coloca para ele, melhor.

Capítulo 18:
Remuneração

Se você não sabe como remunerar, fique tranquilo, seu concorrente sabe. Então, se não acertar neste quesito, vai perder seus vendedores.

Existem três sistemas básicos de remuneração: o fixo, o comissionado e o misto.

O fixo é baseado num salário e na tal da "ajuda de custo". Que nome ruim, aliás. Quem precisa de ajuda é quem está com o prédio pegando fogo! Aí chama o bombeiro, *né*?

O sistema 100% comissionado é aquele que o vendedor trabalha na raça, o cara que realmente se garante.

E existe também a remuneração mista. Vou apresentar as vantagens e desvantagens de cada um. Agora, coloque-se de ambos os lados: você pode ser o gestor ou o vendedor. Pode ser o empregador ou o empregado. Vamos ao que interessa:

Remuneração fixa:

No quesito renda, a vantagem é que ela é regular. A desvantagem é que o vendedor se concentra só no que vende fácil, afinal, ele depende disso para viver. Quanto ao desempenho, existe muita lealdade do profissional. A desvantagem é que não existe incentivo nenhum para melhorar a performance ou fidelizar cliente: o que ele fizer está bom. Não motiva o desempenho, qualquer entrega é suficiente. Outra vantagem é ter uma administração muito mais fácil, porque fixo é fixo. A desvantagem, nesse quesito, é que isso leva à acomodação. O custo é muito controlado, mas isso favorece os piores.

A remuneração fixa, por si só, não é recomendada quase nunca, ainda mais em tempos em que as pessoas buscam por promoção, buscam ganhar mais. E como você consegue uma promoção? Fazendo muita entrega. Quando você faz muita entrega? Quando tem índices de performance muito claros, KPIs [1]claros, métricas claras. Essas variáveis possibilitam que você nunca mais discuta salário

---

1 Key Performance Indicator (KPI), ou Indicador-Chave de Performance, em português, é uma ferramenta de gestão utilizada para medir o nível de desempenho e sucesso de um determinado processo em uma empresa. (N. do R.)

ou remuneração com ninguém. Fez, fez. Não fez, não fez. Não tem achismo.

Eu, por exemplo, quando contrato alguém, a primeira coisa que faço é perguntar de quanto o cara precisa para viver. Digamos que a resposta seja R$4 mil. Bem, se no meu negócio, na pior das hipóteses, o cara não consegue ganhar algo próximo de R$4 mil, eu simplesmente não contrato. Esse cara vai passar a noite em claro preocupado com as contas. Tem gente que acha que isso incentiva o cara a vender. Muito pelo contrário, isso só desvirtua o foco dele.

Remuneração comissionada:

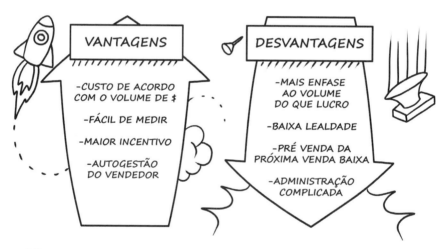

Na remuneração comissionada, o custo acompanha o volume de lucro, porém, o vendedor tende a dar muito mais ênfase ao volume. O cara quer vender muito pensando na comissão dele, mas tende a ignorar a qualidade da venda. Escolhe oferecer, por exemplo, aquilo que não é a melhor opção para resolver o problema do cliente, mas o que vai remunerá-lo melhor. Não fideliza, não tem volta.

A remuneração comissionada tende a ser muito mais fácil de medir, porém, quando o assunto é equipe, a lealdade costuma ser baixa. O incentivo, para o vendedor é muito grande, por outro lado, a pré-venda da próxima venda é baixa (lembre-se de que não existe pós-venda, como expliquei no Capítulo 14), porque o cara não tem interesse em seguir o cliente, mas em conquistar novas vendas.

Outra grande vantagem é que o vendedor, o profissional de vendas, é obrigado a fazer uma autogestão, porque a renda depende do desempenho que alcançar, nada daquele papo de "o que vier, veio". A desvantagem é que a administração territorial disso é muito complicada.

Aí você me pergunta: "Luppa, nesses dois modelos há mais desvantagens do que vantagens?"

Exatamente por isso, acredito que o ideal é, na grande maioria das vezes, o híbrido, o equilibrado, a remuneração mista.

Remuneração mista:

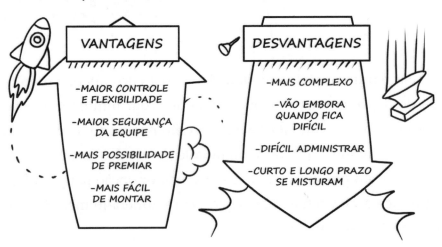

A remuneração mista possibilita maior flexibilidade e controle, porém, é mais complexa de administrar. A equipe se sente muito mais segura, mas o percentual variável é muito alto em relação ao fixo e, quando isso acontece, as pessoas tendem a ir embora, porque quem gosta de percentual alto tem que estar na ativa o tempo todo; não pode ser acomodado.

Outra grande vantagem desse sistema é que você tem muito mais possibilidades de criar incentivos e premiações, enquanto a desvantagem é, mais uma vez, a complexidade para administrar. Mas aí, também, quem não quer ter trabalho fica em casa dormindo, *né*? Por último, é muito mais fácil você manter uma equipe motivada, com o desempenho lá em cima, quando oferece uma remuneração fixa, que paga as contas do vendedor, e dá a oportunidade de ele ganhar dinheiro de verdade com a remuneração comissionada, ou seja, uma remuneração mista. A desvantagem é que, a longo prazo, essas coisas tendem a se misturar um pouco.

Sempre que você, como vendedor, ficar naquela dúvida quanto aos motivos que te impedem de ser promovido, analise o seu sistema de remuneração. Se o dinheiro depende do seu conhecimento, da sua dedicação e inspiração, ele está nas suas mãos. A oportunidade está na sua frente, só depende de você. Parta para a porrada, você é da Tropa de Elite!

Agora, se você, como chefe, percebeu que o seu sistema de remuneração está errado, precisa arrumá-lo. Lembre-se de que pedir aumento e falar de promoção são consequências de uma remuneração bem estruturada. E, a remuneração é um dos pilares de uma Tropa de Elite de Vendas.

Capítulo 19:
Quem Treina se Prepara para Vencer

Bem, você já viu como administrar a força de vendas, como orientar um líder de vendas e como ser um líder de vendas eficaz. Agora, isso tudo só funciona quando sua equipe está na ponta dos cascos, e você só consegue isso com treinamento e avaliação. Não existe Tropa de Elite de Vendas sem treinamento.

Imagine um time de basquete que entra na quadra e não aguenta correr cinco minutos. Você pode ter o Michael Jordan no ataque, pode ter o jogador que quiser, mas não vai ganhar de jeito nenhum. Estudar e proporcionar isso ao seu time é fundamental.

As pessoas precisam ser treinadas. O competidor olímpico, por exemplo, treina quatro anos para competir em trinta segundos. Treinar faz com que você ou as pessoas do seu time estejam preparadas para o momento em que forem exigidos.

É o treinamento que ensina a fazer na prática, estimula o autodesenvolvimento — que é o desenvolvimento do seu ser. Ser e fazer são duas questões bastante diferentes, mas ambas precisam ser aprimoradas.

Vou te dar um exemplo claro de como o treinamento é barato: imagine uma empresa que fatura R$7 milhões por ano com uma equipe desqualificada e mal-treinada. O que uma equipe mal treinada faz? Dá muito desconto, por exemplo. Então você imagine que essa equipe concedeu, ao longo do ano, uma média de 8% de desconto para os clientes. Amigo, 8% de R$7 milhões são R$560 mil. Você faz ideia do tamanho do programa de treinamento que faria com metade disso? De quanto sua equipe estaria afiada?

Treinar não é caro. Caro é não treinar!

Colocar alguém para cuidar do seu maior patrimônio, que é o seu cliente, é muito perigoso, porque esse cara pode fazer um estrago ou te levar ao primeiro lugar do pódio. Imagine os vendedores oferecendo um pouquinho mais de desconto do que deviam para não perder uma venda que não souberam amarrar direito lá no início. Você, pensando em preservar a empresa, acaba cedendo; você acredita no que ele está trazendo do mercado e dá o desconto. No final do ano, quando faz as contas (e pouca gente faz), percebe que não valeu a pena.

Lembra-se daquela história sobre ancoragem de preço? Pense no seguinte: você formatou um produto para vender por R$100 e, ao final do ano, quando faz as contas, descobre que a média do preço de venda foi de R$84. Aí eu te pergunto: para onde foram esses R$16? Será que você precisava ter dado esses R$16 de desconto? Será que não podia ter dado um valor inferior? Tudo isso tem que fazer parte do plano de negócios. Não podem ser no chute. Um bom treinamento fará o seu time entender e praticar isso.

Nesse momento, a capacidade da equipe é determinante. Não deixe o dinheiro da sua empresa se esvair por falta de treinamento. Quando você treina a equipe, ela se torna mais capacitada e competitiva.

Vale lembrar que treinamento é algo cíclico, ok? Não é uma convenção de vendas, um oba-oba em que você reúne todo mundo uma vez ao ano, não. Treinamento é treinamento. Uma equipe treinada é uma equipe preparada para lidar com clientes cada vez mais exigentes. Se você diz à equipe exatamente o que fazer no dia seguinte, se antecipa às adversidades do mercado e sai na frente. Além do bônus de gerar confiança. E uma equipe confiante está muito mais perto de se tornar uma Tropa de Elite!

Pense que o melhor lutador é o que levou muita porrada, porque o treinamento o ensina a desviar das porradas, a se esquivar. Pense comigo, é melhor simular essas porradas em um treinamento para que na hora da luta ele saiba desviar, ou deixá-lo pro ringue sem ter aperfeiçoado essas habilidades?

No mundo corporativo, é a mesma coisa. Ao treinar sua força de vendas, ela foca no sucesso, ela está preparada para as adversidades. Meu amigo, só quem treina está preparado para vencer!

Quando você desenvolve o programa de treinamento, evita que o seu vendedor vá para a concorrência. Esse profissional afiadíssimo produz uma relação que beneficia a ele mesmo e a sua empresa, aumentando a lealdade dele para com você.

Outro fator importante é saber medir o treinamento. Bem, e como é que se mede algo intangível como um treinamento? Vamos deixar as equações sofisticadas, com o ROI (sigla em inglês que significa *return on investment*, retorno sobre o investimento), de lado. Vamos falar de conceitos básicos, que você vai colocar em prática imediatamente.

Você treinou a sua equipe. Em seguida, avalie os seguintes critérios:

- **As vendas brutas cresceram?**
- **O número de clientes cresceu?**
- **A rentabilidade cresceu?**

Três aspectos básicos. Se você não conseguiu aumentar a quantidade de vendas, se não aumentou o número de clientes ou não melhorou sua margem depois de treinar sua equipe, é porque o treinamento estava errado.

Ao treinar sua equipe, você precisa desenvolver o treinamento. Nada daquela história de "ah, vou chamar um cara aqui para falar uma horinha para motivar..." Não é assim que funciona. Se você quer motivar a equipe, chame um cantor ou um grupo de dança.

A primeira coisa a se fazer para verificar se sua equipe precisa de treinamento é diagnosticar.

Para fazer isso de maneira simples, fique atento aos seguintes critérios:

- **Sua equipe está com uma abordagem inadequada.**
- **Seus clientes estão insatisfeitos.**
- **Seus processos não têm padrão algum.**

- **Sua imagem, ou da sua marca, está comprometida.**
- **Suas estratégias comerciais são confusas.**
- **Sua equipe está desqualificada e não apresenta os resultados esperados.**
- **Sua equipe está insatisfeita e desmotivada.**

Se você constatou algum desses sinais, é hora de treinar sua equipe.

Existe, ainda, um conceito que chamo de "miopia de oportunidade". Muito comum, mas muito difícil de perceber. É quando o vendedor não enxerga as oportunidades que vêm do cliente, que quer comprar e ele não consegue vender. Depois de analisar esses itens, você pode perceber uma equipe desqualificada que precisa de treinamento.

O próximo passo, então, é organizar o treinamento, definir as carências e lacunas que precisam ser corrigidas. Seguem algumas dicas para um treinamento eficaz que trará benefícios:

Se possível, faça o treinamento fora da empresa. Garanta uma experiência marcante para o seu time.

Não coloque seus vendedores em uma sala das 8h às 18h: eles precisam respirar. Não há digestibilidade de conhecimento com um massacre de informação e conteúdo. Eles precisam de lazer, de um ou mais intervalos. Promova uma dinâmica, crie uma situação em que os vendedores vão se sentir no cotidiano deles.

Outro fator importante é certificar-se de que o instrutor seja capaz de transmitir o que você realmente precisa, que deixe evidente as falhas da equipe. As questões da concorrência são outras; as suas falhas são particulares, são suas, e precisam ser evidenciadas e corrigidas. O treinamento serve pra isso.

Defina um formato e um conteúdo para o treinamento e, quando terminar, faça uma avaliação usando mecanismos eficazes. Se não avaliar, não adianta nada. Você não melhora o que não controla.

Não adianta investir em propaganda, publicidade, tráfego na internet e não avaliar. Mas, então, como avaliar o treinamento?

Primeiro, verifique se a equipe gostou. Se necessário, reveja o conteúdo, converse com os instrutores, cheque o material disponibilizado e verifique os recursos que destinou à atividade para entender os motivos de sua equipe ter gostado ou não do treinamento.

Em seguida, certifique-se de que o time tenha aprendido. Aplique uma prova, teste, pergunte, faça um quiz. Como é que você vai fazer um treinamento e deixar de testar se o vendedor compreendeu o conteúdo e sabe aplicar?

Por último, você precisa dar continuidade ao treinamento: ele é contínuo. Ou seja, verificar se seus vendedores estão aplicando o que aprenderam e corrigir essa aplicação, caso seja necessário. Caso contrário, é tudo tempo perdido, dinheiro jogado fora. Você tem que medir o resultado. Se não acompanhar isso, não vai a lugar algum.

Reforce as mensagens do treinamento no dia a dia e fique atento à aplicação por parte da equipe. Hoje em dia, fala-se muito em treinamento, mas quase ninguém organiza ou planeja. Quase ninguém diagnostica ou avalia. Agora que você conhece esses quatro pontos, treine, porque funciona. Para ficar bem clara essa questão do treinamento, do conhecimento e do desenvolvimento, preste atenção no que vem a seguir.

Em primeiro lugar, se você acha que é suficiente ser um ex-aluno, esqueça. Não existe ex-aluno, a gente está em constante aprendizado o tempo todo. Outro dia, meu filho de 18 anos pediu que explicasse a ele o que é ser resiliente. Disse a ele que resiliência é a capacidade de resistir aos golpes, de se manter em pé... Depois fui eu que perguntei a ele sobre uma grande dificuldade que estava tendo no meu Instagram. Ele pegou meu iPhone e me explicou em cinco minutos.

Deixa eu te falar uma coisa: se você acha que conhecimento ocupa espaço, está perdido na vida. Conhecimento amplia espaço. É muito interessante que você tenha a visão do outro, porque quanto mais o outro se sente intelectual, menos você acha que precisa aprender. Isso não é verdade, a vida é um eterno aprendizado. E é fácil aprender hoje em dia. Seja no celular, no computador ou na leitura, que poucos praticam. A leitura é um mar de aprendizado, conhecimento e desenvolvimento.

Quando você aprende, aprimora duas coisas dentro de você: o ser e o ter. O conhecimento te dá o ter, porque através dele você conquista as coisas. Além disso, ele traz um benefício extraordinário, que é "ser melhor". Nunca conheci um bom profissional que antes não fosse uma boa pessoa.

Olha, meu amigo, quando a gente está falando de conhecimento, não existem os extremos, o cara que sabe tudo e o cara que não sabe nada. O cara que acha que sabe tudo está dando um passo gigantesco para cair, para parar no tempo; um passo monstruoso para ser avaliado com o pior veneno da humanidade que, na minha opinião, é a vaidade. Ele mesmo criou um personagem para ele: o sabichão, o inteligente, o culto, que pega umas palavras sofisticadas e começa a se portar de maneira diferente. O cara que sabe tudo é o cara que amanhã não saberá nada. No alto de sua arrogância, é o mais exposto a tiros e bombas. E nunca estará em uma Tropa de Elite, porque é difícil conviver com profissionais desse tipo.

E o cara que hoje acha que não sabe nada é um perigo. Porque esse cara só precisa fazer uma coisa: começar a aprender. Além disso, o cara que acha que não sabe nada não tem autoconfiança. É um cara incompleto. Não existe alguém que não sabe nada, existe alguém que ainda não conhece muita coisa, que carece de se desenvolver tecnicamente, principalmente na área em que atua.

Aí é que você vê o nível de comprometimento do seu profissional de vendas. Experimente levar um papo com ele tomando aquele cafezinho, ou então naquele fim de tarde com uma cervejinha gelada, e pergunta o seguinte: "Meu caro e nobre vendedor, do que você está precisando? O que está faltando para você vender mais?"

Se ele ficar falando só do preço, nem a cerveja dele você paga. Esqueça esse cara porque ele não tem chão: esse cara é vazio, oco. Ele está cavando a sua cova, é só vai te pedir desconto. Agora, quando você está conversando com um verdadeiro profissional de vendas, ele pontua coisas do tipo: "A nossa logística está muito lenta. O cliente recebe uma promessa de entrega em 48 horas e, em média, está recebendo o produto em três dias". Aí você tem um dever de casa a fazer: conversar com os responsáveis pela logística e acertar o fluxo da expedição.

Agora, imagine que ele diga o seguinte: "Olha, eu venderia mais se o nosso front, se o nosso portal, se a nossa tecnologia, fossem mais amigáveis. Se em vez do cliente precisar de sete cliques para comprar o produto, ele conseguisse comprar com apenas dois..."

Dever de casa para você: conversar com o responsável pela tecnologia e perguntar a ele como diminuir o fluxo de compras para menos cliques.

O vendedor é o cara que está na linha de frente, que te representa em frente ao cliente. Ninguém melhor do que ele para te falar o que está acontecendo lá no campo de batalha. Ele é como um confessionário. O vendedor é uma fonte inesgotável de informação: você não pode se afastar dele. Essas informações são cruciais para que você direcione melhor a sua empresa. É tudo uma questão de fazer as melhores escolhas e ter as melhores decisões.

Outro fator importante é reconhecer o desempenho dos profissionais. Já que seu profissional de vendas apontou com precisão o que precisa ser melhorado, mostrando que tem conhecimento, que está interagindo com o mercado e que sabe o que o cliente quer, reconheça o valor dele na frente do time. "Pessoal, o vendedor Fulano me alertou para alguns pontos importantes que a gente estava deixando passar. Segui as orientações dele e conseguimos melhorar nosso desempenho na área Tal em X%. Obrigado, vendedor Fulano." Lembre-se de que o melhor gesto de liderança é pelo exemplo. Portanto, valorize esse feedback.

Se você ainda estiver com dúvidas sobre como fazer feedback, dá uma olhada no Capítulo 12 que lá explico tudo.

Nunca guarde o feedback para você. A partir dele, outros profissionais vão se inspirar com o exemplo e te oferecer dicas preciosas para que acerte a rota. Não tem preço chegar mais rápido ao lugar certo.

Capítulo 20:
Gestão

Falamos da equipe de vendas e do líder de vendas. Agora, para que fique dominante no processo, vamos falar do gestor de vendas. Primeiramente, o que é gestão, na prática? Uma definição bem simples: gestão é você ter a certeza de que todos, em todos os níveis, deram continuidade a seus trabalhos até a conclusão. O maior inimigo de uma boa gestão é a falta de continuidade.

Você faz reunião, monta planos e projetos, mas, se não os acompanhar, as pessoas os largam, os soltam e você fica sem entender porque isso ou aquilo não foi concluído. E o pior é que ninguém sabe explicar.

Gestão tem a ver com pendência e tendência, como diz meu amigo, Walter Longo.

Gestão é fazer bem feito aquilo que precisa ser feito, porém, com o detalhe de dar continuidade. Você tem que ficar em cima, monitorar. Gestão é acompanhar o processo; verificando e orientando as etapas.

Você só consegue uma boa gestão quando tem uma direção clara. Aponte o caminho, inspire. "Pessoal, é por aqui, é desse jeito. Essas são as premissas, os princípios, e essas daqui são as metas." Ou seja, os objetivos precisam estar claros para todos.

Outro aspecto fundamental é tirar as pessoas da inércia. Tem gente que só sai do lugar na base do tapa, que precisa de um empurrão para pegar no tranco. Isso significa que você precisa selecionar as pessoas certas para cada objetivo. O cara que é mais rápido e dinâmico, você coloca para resolver as tarefas de curto prazo. O cara que é mais pensador, você coloca para o planejamento.

Para dar continuidade é necessário também fazer um grande *start*, ter uma largada maravilhosa, encantar o funcionário na largada, na grande ideia, no grande comprometimento do grupo. Se estiver comprometido com você, o vendedor não te abandona, não para.

Inspirar é essencial. Não basta apenas mostrar caminhos, é preciso mostrar que a meta é possível, que a equipe é capaz de chegar lá. Afinal, se o cara que ir para o campo de batalha achando que vai perder, ele já perdeu.

Quanto às iniciativas individuais, você precisa valorizá-las e potencializar sempre que houver uma equipe. Dê as diretrizes corretas, se possível apontando essas iniciativas como modelo. O raciocínio, a função, a responsabilidade. Mostre à equipe o cara que fez e como ele fez para que os demais sigam o fio da meada. Uma direção clara é metade do jogo ganho!

Por exemplo: imagine uma orientação vaga e conflitante contra uma específica. O que você acha que vai funcionar melhor? As pessoas são vacantes, contraditórias, inconsistentes. Você tem que trabalhar baseando-se nesse padrão, que é o comum.

Outro detalhe importante: o tempo é escasso. Você precisa destinar um tempo para pensar. Nas minhas empresas, sexta-feira é o dia em que fico em casa no meu home office e analiso dados, verifico relatórios, faço videoconferências, enfim, passo o dia pensando e planejando. Se você fica o tempo inteiro tracionando, chega uma hora que deixa de enxergar o todo, perde a direção, a clareza do caminho a seguir.

Os processos, que são baseados em expectativa e avaliação, são falhos. Se você não tem um objetivo claro, não adianta. Quer ver um exemplo? Imagine um líder, um gestor mandar um e-mail para a equipe dizendo o seguinte: "Nossos problemas de faturamento persistem. Continuem trabalhando bravamente para vender mais".

Explique para mim: que diabos foi isso? É vago e conflitante.

Cada objetivo precisa de uma definição, precisa ser mensurado, precisa ter um cronograma, precisa ter uma orientação do líder. Não decida ter um filho se você não pretende dar um pai a ele. Imagine se as tropas aliadas tivessem desembarcado na Normandia sem um plano? Nunca teria existido o Dia D e a Segunda Guerra não teria se encaminhado para o fim naquele momento.

E aí entra um conceito básico de objetivo saudável: toda vez que você propor um objetivo, certifique-se de que ele seja específico, mensurável, explicável, realista, e de que tenha um cronograma, porque o que não tem prazo para acontecer, provavelmente não vai acontecer.

É o conceito do objetivo SMART (Specific, Measurable, Achievable, Relevant e Time-bound), ou, em português: específico, mensurável, explicável, realista e com tempo. É tornar a interpretação simples, facilitar a vida da sua equipe. Quando o profissional sabe o que tem que fazer, onde tem que chegar, ele se concentra nisso.

Existe uma realidade no mundo da gestão, meu amigo, que é a seguinte: quanto mais as pessoas são monitoradas, mais elas crescem. Então, se você tem um gestor ou líder de vendas, ou se você é o próprio gestor, tem que ter objetivos claros, específicos e absolutamente mensuráveis.

Não tem como dominar mercados sem ter absoluto controle da sua equipe. E quem te dá isso é uma gestão bem feita.

Em vez de dizer: "Pessoal, o faturamento não está legal, continuem trabalhando". Fale o seguinte: "Pessoal, o faturamento era 100, nós só vendemos 75 e falta uma semana para terminar o prazo. Isso significa que a gente precisa vender 5 por dia. Vou monitorá-los e vamos vender desse jeito".

Mudou tudo. Aí, sim, você tem chance.

Capítulo 21:
Resultados

Olha que tema interessante, não é? Como aumentar suas vendas e mantê-las no topo. Quem não quer a resposta para essa pergunta, *né*? A má notícia é que não tem mágica. A boa é que com as armas certas você chega lá. Existem quatro poderosas ferramentas que chamo de "quadrado mágico", que lhe permitem turbinar seus resultados.

A maioria das pessoas desconhece essas quatro ferramentas e, dos poucos que sabem, muitos não sabem colocar em prática porque não têm conhecimento suficiente. Mas você, que está lendo este livro, vai fazer diferente. Vamos a elas:

1) Aumentando seu mercado

Assim como em uma guerra, ganhar terreno é essencial. No nosso caso, estamos falando em dominar mercados. O primeiro passo para isso é aumentá-lo, ganhando escala.

Você pode aumentar seu mercado de maneira geográfica, vendendo para outras regiões em que ainda não atua. Por exemplo: você vende para a região sudeste e passa a vender também para a região sul.

Existe também a questão demográfica, relativa às pessoas. Se você tem um produto que é destinado ao público masculino, pode lançar um produto para o público feminino.

Outra alternativa é aumentar suas vendas com base no comportamento das curvas de consumo A, B e C.

Você pode aumentar seu mercado em relação ao perfil do público. Por exemplo, vende para o varejo e passa a vender também para o atacado.

Determinado público está em tal ponto, o público B está aqui, o C consome menos... O que fazer, então? Produtos específicos.

Não adianta oferecer um produto de R$200 para um cara que só tem R$50. Você aumenta seu mercado dessa forma, entrando no estado psicológico dos clientes, propondo uma amplitude, uma gama de produtos maior. É assim que você aumenta e domina o seu mercado.

2) Aumentando a participação de mercado

Lembra que a gente falou da pizza? Como é que você aumenta sua quantidade de fatias? Em primeiro lugar, foque no cliente da concorrência. A bomba agora é sua, mas saiba usá-la. Isso mesmo, a vida é uma guerra.

Quantas vezes você parou para pensar em quem são os cem maiores clientes do concorrente? Ou os cinquenta maiores? Vai para cima deles!

Conquistar uma fatia desse cara, além de enfraquecê-lo, aumenta a sua participação. Ou, como os especialistas de plantão gostam de dizer, o seu *sharing*.

Como eu aumento minha parte? Simples, eu aumento minha parte de mercado potencializando meus clientes. O que isso quer dizer? Eu vendo 100 para o João e passo a vender para ele 120 apresentando uma proposta diferente, uma linha de produtos diferente, um prazo maior ou um preço melhor, mas apenas se ele aumentar o volume de compra. Isto é, vender mais para quem você já vende. Uma estratégia muito eficiente.

E, por último, você vai vender para quem nunca vendeu, ou seja, vai oxigenar as carteiras, vai prospectar mais clientes. Atacar em novas frentes para dominar mercados. Quem não gosta de um cliente novo, *né*? Você não pode ter um time de atendimento, você tem que ter um time de vendas. O atendimento funciona na base do *status quo*, na base do que você tem no momento, enquanto o time de vendas opera a partir do que você tem, mas sempre visando construir o futuro da sua empresa. Isso você só consegue com clientes novos.

3) Aumentando sua frequência de compra

Outra forma de aumentar suas vendas é aumentar a frequência de compra. O que isso significa? Ser mais agressivo. Por que você acha que as lojas trocam os itens da vitrine toda semana?

Por que você acha que existe promoção de vendas? Olha só, a propaganda serve para comunicar alguma coisa que já existe, enquanto a promoção de vendas serve para fazer com que o cliente pegue o que existe e leve para a casa dele. Seu papel é mostrar pra ele por que ele precisa do seu produto.

Como você aumenta a frequência de compra? Estimulando o ponto de venda, seja on-line ou presencial. Assim, o cara que compra uma vez por semana vai passar a comprar duas.

4) Aumentando o valor médio de compra

O quarto e último ponto é aumentar o valor médio de compra. Hoje em dia são muito comuns termos como upselling e cross-selling, por exemplo.

Lembra-se do exemplo em que você é vendedor de uma loja e um cliente aparece querendo uma gravata? Apresentei esse exemplo no Capítulo 15. Cross-selling é vender a camisa junto. O cara foi comprar um sapato e você vende a meia também.

Tem um outro exemplo muito interessante para você que é do varejo: o cara chega na sua loja e diz o seguinte: "Oi, eu quero comprar um sapato". Sabe o que você tem que fazer? Primeiro, atendê-lo. Em seguida, perguntar o seguinte: "Amigo, você veio aqui comprar um sapato. Permite que eu te venda alguma outra coisa?" Aí você constrói um cenário completamente diferente para vender mais volume e mais caro, isso é, para implementar o cross-selling na prática.

Ele entrou na loja pelo sapato, uma necessidade que ele tinha, mas saiu com um look todo novo. Você ajudou o cara a ter uma imagem melhor. Enquanto você estiver ajudando seu cliente, ele vai te amar. Não é empurrar produtos que ele não precisa, mas mostrar por que ele precisa comprar mais. Esse é o segredo. É trazer o cara pro ringue, pra porrada!

O objetivo dessa técnica é fazer o cliente comprar mais, é aumentar o seu ticket.

Sabe quem é que dá um verdadeiro show nisso? Uma lanchonete norte-americana que você conhece muito bem, que tem aquele logo amarelo e vermelho cujo atendente, ao final do seu pedido, pergunta: "O senhor gostaria de levar uma batata-frita grande por mais R$2? A lanchonete está aumentando o ticket médio dela.

Toda vez que você tem uma oferta sobre um produto primário, significa que está aumentando sua oferta. E como você aumenta suas vendas? Ampliando seu mercado, aumentando a frequência de compra, aumentando o valor médio e a sua participação de mercado rumo ao domínio.

Isso é crucial. Se você praticar essas quatro técnicas do jeito que expliquei, usando como base os exemplos que ofereci, verá suas vendas crescerem imediatamente. Essas técnicas são utilizadas no mundo inteiro.

Assim, quando falo de merchandising, estou me referindo, por exemplo, ao cara que monta um planograma, que estrutura a gôndola de uma maneira que a mercadoria fique mais exposta, provocando você a comprar. Quando falo de promoção de vendas, não estou sugerindo desconto, não. Promoção de vendas é o seguinte: "leve 3, pague 2", "compre o xampu e ganhe a escova".

Promoção de vendas é venda casada. Acontece, por exemplo, quando você tem um cara competente no varejo que coloca o álcool, o avental e o espeto do churrasco do lado do carvão. E coloca esse setor perto do açougue. Isso é inteligência de vendas. Promoção de vendas é fundamentalmente isso.

O passo a passo está aqui, agora é pegar e fazer.

Capítulo 22:
Metas

Primeiro, lembre-se do que já dissemos: não é porque o cara é bom vendedor que vai ser bom gerente.

Lembra também que citei o exemplo do futebol no Capítulo 17, do jogador não necessariamente ser um bom treinador? Então vamos repassar aqui: qual é o papel do gerente de vendas? Qual é a missão dele, é gerenciar ou vender? A missão do gerente de vendas é gerir, é abrir caminho. E precisa ter perfil.

Quantas vezes você já fez uma boa reunião de vendas? "Ah, eu faço reunião de vendas toda semana." Ok, agora deixa eu te perguntar outra coisa: você faz reunião de vendas ou reunião de problemas? Pronto, para tudo. Sente-se, respire e reflita a respeito.

Invariavelmente, o que você faz é reunião de problemas, problemas e mais problemas para camuflar o baixo nível de conhecimento da equipe. Apagar incêndios, correr atrás de problemas. Mas nunca, ou raramente, reflete como acabar com esse tipo de problemas. Acertei?

Me responda outra: como é que você vai dominar mercados sem ouvir seu pessoal que vai para a rua, traçar estratégias, gerir metas? Pois é…

É muito importante que você saiba como fazer uma reunião de vendas eficaz. Aqui vai um passo a passo:

O que você precisa pautar em uma reunião de vendas?

1) A produtividade do time

É importante monitorar quem visita, quantas visitas faz, se está convertendo os contatos e se domina o mix de produtos. Pense, se você tem 100 produtos, por que o cara está vendendo só 30? Se você tem 5 produtos, por que ele só vende 1? Será que ele vende ou será que estão comprando dele? São coisas diferentes e uma boa reunião o deixará ciente disso.

2) A abordagem que seus vendedores estão usando com o cliente

Vendedor bom tem que ter uma abordagem matadora, como um verdadeiro Vendedor Pit Bull. Vendedor poodle não vende nada, só serve para dar despesa e arrumar desculpa.

3) As ofertas que o time propõe

Em toda reunião de vendas você deve propor novas ofertas, novos formatos, oxigenando o mercado. Outro fator importante é monitorar as principais atividades de cada vendedor. Verifique quem são os dez principais clientes e se eles aumentaram ou diminuíram a quantidade de compras na semana. Não espere o mês acabar para fazer as contas. Monitore em tempo real.

Se o seu soldado está errando e você toma conhecimento disso, a chance de você corrigir ainda é grande. Uma boa reunião é essencial para este diagnóstico.

Agora, vamos falar sobre cliente e potencialidade. Para dominar mercados, é preciso saber onde você quer chegar e ir tirando as pedras do caminho. Não basta ter uma Tropa de Elite e não saber usar.

Se o cara pode comprar 500, por que está comprando só 100? O vendedor não está sendo agressivo? Você não tem produto para entregar? O produto do seu concorrente é melhor? O cliente só compra com você quando o concorrente não tem para entregar? Essas respostas vão orientar estratégias e ações para que você venda mais!

Outro fator interessante é entender o momento de cada vendedor. Se o momento em que ele se encontra é mais familiar, pessoal ou distante. Isso tudo interfere na capacidade dele de negociar.

Toda reunião de vendas eficaz precisa de um bom desafio. No dia a dia, você deve interagir com todo mundo e recapitular essas interações na reunião de vendas, mesmo que seja on-line.

Quanto ao ritmo da reunião, é importante que você varie. Um exemplo ótimo é fazer uma reunião num sábado e terminar com um churrasco. Traga o time para perto de você!

A base de tudo é estar sempre gerindo e gerando. Gerindo pessoas e gerando resultados.

Em toda reunião de vendas, reserve um momento para investir em conhecimento. Sempre tenha em mãos a meta, o estágio em que ela está. Existem dois tipos clássicos de gestão de vendas, um criado por Neil Rackham, o autor de *Reinventando a Gestão de Vendas*, e outro criado por mim. Uma gestão de vendas é voltada ao mercado, enquanto a outra é voltada às pessoas.

O modelo do Neil Rackham se chama Spin Selling. Ele trata de situações, problemas, implicações e necessidades, completamente voltado ao mercado.

Por outro lado, o modelo que eu criei é voltado às pessoas. Não acho que meu modelo seja melhor ou pior, porém acredito que seja mais prático para o modelo brasileiro, porque vender nos EUA não tem nada a ver com vender no Brasil (nos EUA se vende muito para poucos, enquanto no Brasil se vende pouco para muitos). Aqui, é necessária uma forte visão da gestão de pessoas e, por isso, criei o modelo OMMC: orientar, motivar, monitorar e cobrar.

O que adianta conhecer o modelo de gestão se não consegue entregar resultado? Para entregar resultado, você precisa o perseguir. E, para perseguir o resultado, você precisa definir metas de vendas para a equipe. Escolher o alvo, definir como chegar lá e meter o pé! Agora vamos ver como fazer isso.

Para definir metas baseadas no preço, você precisa estabelecer um processo, uma estrutura. Tenha como base dessa estrutura os seguintes conceitos: conhecimento acerca do produto, preço, qualidade e, fundamentalmente, muito treinamento da equipe. Só uma Tropa de Elite bate metas, coloque isso na sua cabeça. Um time mediano não domina mercados, só toma bomba e tiro. E aqui, partimos pra porrada!

Meta de vendas precisa ter critério. Você não pode simplesmente seguir a direção do vento, não. Definir metas aleatórias não vai te ajudar em nada. Você pode acabar com seu time se o fizer. As metas de vendas têm o potencial para jogar todo mundo para cima ou para baixo. Não tem meio-termo. Ou paralisa a equipe já na largada da corrida, por não acreditar que é possível, ou faz com que ela desista no meio do caminho.

Vou te mostrar quais são os critérios fundamentais para você desenvolver e projetar uma meta de vendas:

1) Você precisa se basear no histórico da sua empresa ou dos seus vendedores

Se você vende 10, como é que vai passar a vender 30 da noite para o dia? Qual é o novo fato relevante que vai tornar isso possível?

Meta é que nem escada: se você tentar pular um monte de degraus de uma vez, a probabilidade de cair é enorme.

2) Você precisa se basear no potencial mercadológico

Se o mercado compra 100, você, sozinho, consegue vender 95, certo?

Errado. Amigo, o mundo dos negócios é um campo minado cheio de bombas. Você acha que está sozinho? Não está, não.

3) Você precisa se basear no cenário projetado pelo gestor do seu time

Converse com o gestor para ouvir dele qual é o cenário, como fazer para construir sua meta.

Esse é um detalhe importante que muita gente desconsidera. Se você não captar o sentimento, o envolvimento da equipe, não adianta. A equipe precisa acreditar que a meta é possível. Você pode fazer a campanha que quiser que não vai funcionar. As metas de vendas precisam ser claras e alcançáveis. E, acredite, o seu time, mais do que ninguém, sabe se a meta é alcançável ou não.

Mas como acelerar esse processo?

Fala-se muito a respeito do conceito de micrometas, que são uma boa opção para acelerar os resultados. Criar micrometas é como segmentar mercados (falo sobre segmentação no Capítulo 10). Segmentar mercados nada mais é do que segmentar a meta. Ao criar micrometas, você cria uma meta, por exemplo, por perfil de cliente. Então para determinado perfil a meta é tal, para esse é outra, para o cliente ativo a meta é X e para o inativo é Y. Cada um tem um tipo de meta.

Outra opção é criar metas por região, como se o mercado fosse uma pizza. Assim, cada fatia vai te trazer uma porcentagem, uma parte do mercado. Não dá para engolir a pizza toda de uma vez só, tem que fatiar.

Você pode também criar micrometas baseadas na aceleração dos resultados, que é basicamente criar metas por linha de produto. A água com gás custa X, a água sem gás custa 2X. O refrigerante custa tanto, a cerveja, um pouco mais. Você pode criar metas por linha de produto para depois pensar no aspecto macro.

E, por último, você pode criar micrometas baseadas nos canais de distribuição.

Assim, para supermercados grandes, por exemplo, a meta é tal, enquanto que para lojas de conveniência, a meta é outra, para o atacado é outra e etc.

Importante salientar que meta não adianta nada sem propósito. Absolutamente nada. O que faz com que as pessoas superem dificuldades para atingir a meta? O que faz com que as pessoas encarem suas dificuldades para acelerar e colocar toda a força nas vendas? Por que alguns não desistem da meta de vendas? Propósito. Quando você não tem propósito por trás de uma meta, quando você não tem propósito pelo que você trabalha, não vai a lugar nenhum. Quando você não tem propósito no seu planejamento de vida, você fica estagnado. Enquanto isso, as pessoas vão acelerando e te atropelando, deixando você para trás.

Então, o que é propósito? Vamos deixar as definições de lado e ver um exemplo.

Pense a respeito do seguinte: o que você acha que leva um cara que recebe um salário relativamente baixo a se submeter a grandes riscos, usar uma roupa desconfortável e ter que ficar escutando uma sirene no último volume e entrar em um prédio em chamas para salvar alguém que ele não conhece? Não é o salário que o motiva, mas o propósito dele, que é salvar vidas. Então, quando você tem um propósito, seja ele querer que o cliente cresça, dar uma vida melhor para sua família ou mesmo levar sua filha para conhecer a Disney, quando você amplia sua própria meta através de um objetivo subjacente, você vai mais longe.

Os dois tipos de meta:

Quando você atinge as metas, tem uma satisfação que não é só profissional, mas pessoal. Isso mexe com o ego. Você é visto de outra forma no ambiente familiar e, na sociedade, é visto como uma pessoa altamente capacitada. As metas existem em todas as áreas da sua vida. Em vendas, se você não definir uma meta real, alcançável, e se não a perseguir, vai ser muito difícil sair do lugar.

Se você sabe para onde quer ir, o caminho fica mais fácil.

Capítulo 23:
Segmentação

Até aqui, você já aprendeu sobre gestão, como aumentar suas vendas, como liderar sua equipe e muito mais. Você viu também como desenvolver uma estratégia matadora com todos esses conceitos práticos. Agora, você precisa aprender a segmentar mercados para não cometer o erro de generalizar aspectos cruciais.

Imagine que você trabalhe no mercado de frutas. Agora me responde: trabalhar com jaca é a mesma coisa que trabalhar com morango? A entrega é a mesma? O armazenamento é igual? O preço é parecido? A atratividade é a mesma? E a sazonalidade? Tudo é bem diferente. Segmentar é se ater a essas diferenças e saber como administrá-las em função do ambiente em que você está. Se você conhece bem essa segmentação, passa a dominá-la e aí é porrada!

Seguem alguns benefícios da segmentação:

1) Diminuição dos riscos

Como você segmentou, seus riscos ficam limitados àquele ambiente específico.

2) Atendimento ao cliente de maneira personalizada

Você chama o João de João e o José de José. Isso é muito valorizado hoje em dia e pode ser um grande diferencial para sua empresa.

3) Poder selecionar os segmentos mais atrativos

Quando você trabalha em todos os segmentos ao mesmo tempo, perde um pouco da riqueza de detalhes de segmentos específicos. Segmentar ajuda você a selecionar os mercados mais atrativos.

4) Facilitar a avaliação dos resultados

E facilitar muito. Segmentar mercados confere a você uma visão 360°, muito mais ampla, que viabiliza a análise do desempenho do produto em cada segmento.

5) Facilidade para focar os clientes

Se você tem muitos clientes, segmentar vai ajudar você a separar os clientes em grupos de acordo com suas características e perfil de compra. Esses grupos podem ser organizados de acordo com expectativas, necessidades, comportamentos etc.

Lembre-se do exemplo do morango e da jaca: produtos diferentes, abordagens diferentes. Por isso a segmentação.

TIRO, BOMBA E PORRADA

Resumidamente, segmentação de mercado é um conceito baseado em serviço e solução. Se você conhece o negócio do cliente, você tem a solução específica para ele, porque você segmentou. Você sabe quais são as necessidades dele e sabe o momento de apresentar soluções personalizadas. É isso que as pessoas buscam: ser chamadas pelo nome e ser tratadas de acordo com aquilo que precisam. E não se preocupe, se você não aprender isso, seu concorrente, muito provavelmente, já sabe. É a bomba vindo aí novamente.

Quando a questão não é um produto, mas um serviço, você precisa se adequar à cultura do cliente, e segmentar é um trunfo para tal. Aprimorar seu foco sobre o cliente, prestando um serviço customizado e exclusivo, é um diferencial importante e sem chance nenhuma para tiros.

Aí entra uma questão crucial: e quando você tem uma gama de clientes muito diversificada? A solução, então, é segmentar os clientes a fim de conseguir uma classificação homogênea. Isto é, quando você segmenta os clientes, aumenta seu foco sobre cada classificação. Assim, você enxerga com mais precisão.

Tome o mercado de fraldas como exemplo. Dentro dele, existe o segmento de fraldas infantis e o de fraldas geriátricas, que são vendidas em lugares diferentes e são usadas por públicos diferentes. Enquanto uma mãe compra fraldas para seu filho feliz da vida, o idoso compra fraldas geriátricas envergonhado. A primeira tem uma embalagem linda, com um bebê igualmente lindo e fica exposta nos lugares, enquanto a segunda tem embalagem discreta e fica escondida. Isso é segmentação de mercado. Repare que o mercado é o mesmo, porém, a abordagem é completamente diferente, porque os clientes são diferentes. Segmentar te dá a oportunidade de desenvolver estratégias exclusivas.

Você pode até ter a grande ambição de querer dominar o mercado sozinho, mas lembre-se de que capacidade instalada é diferente de capacidade de produção. Vamos rever a diferença:

Você pode ter uma capacidade instalada de dez e uma capacidade de produção de cinco, ou ao contrário. Além disso, não conheço empresas que fazem duas coisas ao mesmo tempo e fazem ambas bem. Veja por exemplo as empresas mundiais de grande porte. O que elas fazem? Elas segmentam e definem gerências de produtos específicas. Ou seja, nessas empresas, existem pessoas só para administrar questões específicas de cada produto.

Cada produto tem uma estratégia. Isso pode custar, mas certamente traz resultados muito mais assertivos.

Assim, se você é um produtor de fraldas infantis, vender fraldas geriátricas não necessariamente significa oportunidade. Analise primeiro a fatia de mercado que você domina antes de pensar em se aventurar por outros segmentos. Às vezes, é melhor trabalhar onde você já tem domínio para ampliar sua fatia de mercado em vez de desbravar outros mares, o que é muito arriscado, além de já ter gente que navega muito bem por eles.

Agora, é muito importante que você não confunda segmentação de mercado com classificação de clientes. Um conceito beneficia o outro, mas eles são diferentes.

Você pode classificar os clientes de diversas maneiras. Uma delas é de acordo com o porte. Veja um exemplo:

• 50 mil para baixo (cliente pequeno) - atendimento por telefone
• 50 mil a 100 mil (cliente médio) - apoio do suporte on-line

• 100 mil ou acima (cliente grande) - apoio do suporte on-line e visitas periódicas

Outras maneiras de classificar seus clientes são: por região, por tipo de produto adquirido, por volume de compra, por padrão de recebimento do produto, por cultura, por tecnologia e etc. O importante é você entender que os clientes são diferentes e que precisam de tratamentos diferentes. Se você não os classificar, eles vão classificar você, e não vai ser uma classificação boa, não.

Existe um conceito simples e prático que chamo de quadrante gerencial de vendas. Vamos a ele:

CLIENTES NOVOS EM VOLUME E VALOR	**GRAU DE RECOMPRA E RAZÃO**
CLIENTES PERDIDOS EM VOLUME E VALOR	**FATURAMENTO E LUCRATIVIDADE POR GRUPO DE CLIENTES**

Primeiro Quadrante:

Qual é o grau de recompra desses clientes? Quantas vezes eles recompraram e por quê? Que motivo os leva a comprar com você?

Segundo Quadrante:

Quantos clientes novos você tem (em volume e valor)? Controle isso todos os dias, sempre comparando com os resultados periódicos anteriores.

Terceiro Quadrante:

Quantos foram meus clientes perdidos (em volume e valor)? Por quê? Quantos clientes passaram pelo funil e não foram convertidos?

Quarto Quadrante:

Quanto é o seu faturamento? E a sua lucratividade por grupo de cliente? Verifique isso com frequência.

Ao segmentar, você precisa verificar o volume bruto e a rentabilidade o tempo todo. Acredito que você já tenha esses dados, então aplicar esse conceito vai ser moleza. Não esqueça, volume não significa rentabilidade. Se isso não estiver claro, você e seu time vão se matar de trabalhar para bater metas e não terão recompensa alguma. Se você vende apenas pelo argumento do preço, pode esquecer que nunca terá uma rentabilidade saudável. Sem fazer essa análise fica muito complicado melhorar.

Vamos a uma outra questão importante: como você avalia e controla seus resultados? "Ah, esse mês deu para pagar as contas, então *tá* legal. No mês passado não deu..." Não é assim que funciona. Existem três dados que você deve analisar: a margem bruta, o ponto de equilíbrio e o custo da força de vendas. Vamos às definições:

Margem bruta: é o preço de venda dividido pelo custo da mercadoria vendida.

Ponto de equilíbrio: também conhecido como BEP (do inglês break even point), é o custo total dividido pela quantidade de vendedores que você tem, dividido pela margem bruta. É quanto você precisa para pagar as contas e ficar no zero a zero.

Custo da força de vendas: é o custo total da força de vendas dividido pelo faturamento total. Falo sobre os diferentes sistemas de remuneração da equipe no Capítulo 18.

O custo da força de vendas não deve ultrapassar 9% do seu negócio, porque ele é como um aluguel, cujo valor costuma ficar em torno de 1% do imóvel. O valor ideal é entre 8% e 9% do faturamento bruto, se não, tem alguma coisa errada. E vale lembrar que não se trata do custo de marketing, é o custo da força de vendas.

E como avaliar uma força de vendas?

Verifique os seguintes aspectos:

1) A meta de vendas foi alcançada?

Se sim, é um bom indicativo. Se não, estamos na roça. Fique atento e busque saber os motivos.

2) Os clientes estão satisfeitos?

Cliente satisfeito é sinônimo de sucesso. Não se esqueça disso.

3) O turnover da sua equipe é baixo?

Turnover é o "entra e sai". Você demite muita gente? Seus funcionários costumam pedir demissão? Turnover alto é mau sinal, porque você gasta para contratar, para treinar e para mandar embora.

Outro conceito importante é o do produto recorrente. Existem dois tipos de produto recorrente: o dependente e o independente.

Imagine que você tem uma borracharia. Amigo, sem pneu você não é ninguém, certo? Nesse caso, o pneu é um produto recorrente dependente. Agora imagine a linha branca (geladeira, fogão, freezer, micro-ondas...). As pessoas não compram geladeira toda semana, concorda? Por isso, as empresas que trabalham nesse segmento precisam de duas coisas: extensão de linha e extensão de serviço.

Dificilmente você vai encontrar uma empresa que vende só geladeiras. O mais comum é que esse tipo de empreendimento fabrique uma extensão de produtos, que é a linha branca. Quem comprou uma geladeira hoje só vai voltar a comprar daqui a cinco ou dez anos, isso se a geladeira quebrar. Enquanto isso, o fabricante vende também o fogão, o forno, o micro-ondas, a

TIRO, BOMBA E PORRADA

batedeira, o liquidificador e etc. Assim, uma solução para a recorrência de bens duráveis é a extensão da linha.

Um exemplo da extensão do serviço é a tal da garantia estendida. Hoje em dia existem até seguradoras fazendo esse tipo de serviço.

Você acha, por exemplo, que a sacada da Nespresso é vender máquinas? De forma alguma, ele te amarra comprando cápsulas deles para o resto da vida. Então, a venda da cafeteira pode até ser pouco ou nada rentável, mas na linha do tempo, esse cliente vai dar muito lucro porque ele vai seguir comprando, periodicamente.

Sabe um outro bem durável que é enganador? O carro. Concorda comigo que ninguém compra um carro por semana? Mas olha que interessante: quando você compra um carro na concessionária, o vendedor analisa seu perfil e, se for um Vendedor Pit Bull, faz anotações a respeito de você, coloca no follow up dele e te oferece upgrades: "Olha, saiu uma versão nova do seu carro", "Olha, seu carro não tem ar, tenho uma versão nova aqui que já vem com ar incluso", "Saiu uma versão nova do seu carro, é diferenciada…"

Independentemente de o bem ser durável ou não, quando o vendedor tem a capacidade de entender e interpretar o comprador, a esteira não para. Ela pode ter uma periodicidade, mas não para. Estão lembrados que eu já falei da pré-venda da próxima venda? Nunca esqueça de aplicar isso o tempo todo!

Hoje, o grande objetivo do vendedor não é te vender um carro, mas te vender experiência. Você compra um carro um pouquinho mais sofisticado e é convidado a participar de um evento no sábado. Às vezes, você é convidado a visitar o autódromo ou então a testar um carro que é off-road, aqueles carros que são desenvolvidos para andar na lama. O cara cria um circuito para te vender experiência e diminuir seu tempo de recompra. Por isso, é muito importante que você crie um relacionamento com o cliente através da experiência.

Vamos ver um outro exemplo: imagine que você foi a um restaurante em que foi muito bem atendido. Qual é a preocupação do gestor desse restaurante? Ele está pensando no ticket daquela noite? Não, ele está pensando em ter você como cliente durante o ano todo. Nesse período, quantas vezes você tem a oportunidade de escolher entre milhares de restaurantes em uma cidade como São Paulo? A concorrência é muito grande. Por isso, vale muito a pena investir no relacionamento com o cliente, chamá-lo pelo nome, saber o que ele gosta de comer, que temperos e bebidas prefere e etc. Esses detalhes não custam quase nada e têm um potencial enorme para fazer com que você tenha recorrência e lealdade.

Lembra que você leu sobre o funil de vendas no Capítulo 14 e aprendeu sobre a importância de não pensar só na entrada de *leads*, mas também a se ater àquilo que está acontecendo no meio do funil? Nesse exemplo do restaurante, você deve considerar o cliente que já foi convertido (aquele que entrou e está sentado, jantando) e se dedicar não para que ele dê a volta no funil de novo, mas para que ele volte, e isso acontece na base do funil. Assim, você aumenta o ticket médio dele e, consequentemente, a sua rentabilidade.

Não tem nada a ver com o esforço para atrair mais clientes, mas com você potencializar os que já converteu. Tão importante quanto conquistar novos clientes é preservar os já convertidos. Porque trazer esses clientes de volta custa muito caro.

Capítulo 24:
Desempenho

Agora que você já viu diversas técnicas e ferramentas, vamos tratar de como avaliar sua força de vendas. Um time não se torna uma Tropa de Elite da noite para o dia. É preciso sempre avaliar esse desempenho para poder aperfeiçoar sempre. Como é que você avalia sua equipe?

O primeiro a se fazer é verificar alguns aspectos em relação ao seu time. Vamos ver alguns deles:

Sua equipe atingiu a meta? Se sim, ótimo, é sinal de que a equipe vai bem.

Os clientes demonstram insatisfação ou sua equipe está com o índice de reclamação enorme? Preste atenção, porque tem um alerta aí.

Seu turnover é baixo ou alto? O turnover é a frequência de troca dos membros da sua equipe. Ele indica o tempo de permanência das pessoas na sua empresa e o nível de demissões. Basicamente, a questão é deixar o turnover o mais baixo quanto for possível, porque os funcionários precisam estar comprometidos com a sua empresa. Esse giro de pessoas custa muito caro tanto para captar, quanto para contratar, treinar e depois demitir. Assim, se o seu turnover é baixo, significa que a sua força de vendas vai bem.

Outro detalhe importante é certificar-se de que sua força de vendas tenha um centro de custo muito bem controlado. Se não, você perde completamente o prumo. Vender muito gastando muito acaba com a sua rentabilidade.

Bem, agora vamos falar a respeito de algo que é bem prático, do cotidiano, algo que apelidei de centro de orientação de vendas. Você precisa estar no caminho certo, no movimento certo e na velocidade certa para chegar aonde objetiva. O centro de orientação de vendas vai te ajudar com isso. Ele possui cinco fases.

Vamos entender como elas funcionam:

Fase 1: Análise

Aqui você não tem que se preocupar em descobrir tudo, matar as grandes charadas ou enxergar o que ninguém mais enxergou. O foco aqui é ater-se às informações e estabelecer uma conexão. Você não tem que se precipitar em julgar nada, porque este é o momento de colher informações para fazer uma abordagem matadora.

Fase 2: Coleta de dados

Avaliar a qualidade da informação, discriminar e julgar são um grande erro. "Ah, eu gostei disso", "Nossa, disso eu não gostei, não". Amigo, pouco importa o que você gostou ou não, isso não interessa. O que importa é ouvir com atenção e captar elementos que você possa usar para fechar a venda. Simples.

Fase 3: Marcar o território

Aqui, você precisa deixar claro seu posicionamento como sócio do cliente, como o cara que vai ajudar ele a ganhar dinheiro. Mostre que você é parceiro, é cúmplice do que ele pretende fazer. Só assim você ganha dinheiro também.

Estabeleça uma relação ganha-ganha. Tem gente que quando você chega, olha e pensa "putz, de novo esse cara..." Não seja assim, seja o cara que oferece soluções, que apresenta novidades valiosas. Esse é o cara que estabelece o ganha-ganha.

Fase 4: União dos elos

Essa fase é quando você está cara a cara com o cliente, quando está diante dele se perguntando: "Como é que eu aumento o espectro desse cara? Como eu amplio essa visão? Qual é o conceito por trás do que eu estou fazendo? O que eu preciso fazer, que ponte preciso criar para conquistar a confiança desse cara?" Basicamente, como eu já disse, ele tem que enxergar você como um aliado.

Quando você começa a venda, você está em um ponto e ele, em outro. O relacionamento é a construção de uma ponte que conecta vocês. É a união desses elos. Se você não construir um relacionamento com o cliente, já sabe o que vai acontecer, falamos bastante de tiros e bombas!

Quando você consolida esse relacionamento, você preserva o cliente por mais tempo, tem lealdade, fidelidade e recompra. Quando isso não acontece, você tem oportunismo. E, por favor,

Luis Paulo LUPPA

não confunda oportunidade com oportunismo, são coisas completamente diferentes. A parceria tem que ser verdadeira!

Fase 5: Ataque do Vendedor Pit Bull

Depois de ter criado um clima de vendas você estará preparado para dar o bote certeiro. Sim, clima de vendas. Tem gente que já entra de costas para o cliente para agilizar o pedido, *tá* errado. Isso é que nem relacionamento: conheceu a pessoa hoje? Chama para um cineminha, um jantar, dá uma volta de mão dada... Não enfie os pés pelas mãos que ela vai correr. Em vendas é a mesma coisa, tem que ter um clima antes. O cliente precisa entender que você está fazendo bem para ele.

Aí chega a hora do bote, da abordagem do Pit Bull. Fazendo bem feito, o cliente vai dizer o seguinte: "Eu estou fazendo um bom negócio com esse cara!" Tem coisa melhor do que a sensação de ter feito um bom negócio?

O centro de orientação de vendas é para não deixar você perder a direção, porque não adianta nada saber as técnicas de vendas se você se perde com o cliente. Conceitos devem ser aplicados e aprimorados todos os dias!

Pense comigo: quando a gente fala a respeito de construir relacionamentos, o elemento principal para que tudo dê certo é a verdade. É aí que a gente diferencia oportunidade de oportunismo.

Imagine o seguinte: uma mulher chega para comprar um vestido com você. Ela provou dois vestidos: um de R$900 e um outro de R$300. O vestido de R$900 ficou uma desgraça nela, enquanto o de R$300 ficou uma maravilha. Você vai vender o vestido mais caro para ganhar mais comissão e bater a meta ou vai pensar na satisfação do cliente? Não esqueça de que a satisfação do cliente é a plenitude dele a seu favor e o primeiro passo da pré-venda da próxima venda.

Não existe relacionamento unilateral. Se venda fosse unilateral não precisava de cliente, *né*? Você venderia sozinho. Sem bombas e tiros fica muito fácil!

Eu não gostaria que acontecesse com você o que acontece com muita gente: o cara sinaliza algo aqui e você vai na outra direção. Entenda, você está aprendendo técnicas, ferramentas e estratégias poderosas para aumentar seu desempenho e o da sua equipe, então tem coisas que você não pode confundir. Por exemplo: você não pode confundir tamanho da força de vendas com aumento de produtividade. "Ah, eu tenho dez vendedores, vou contratar mais dez para dobrar as vendas…" Não tem nada a ver. Saber dimensionar é uma atividade completamente independente.

Outro fator importante: contenção de custo não tem nada a ver com incremento de lucro. Não é porque você está gastando menos que vai ganhar mais, isso é adequação.

Força de vendas é uma questão de inteligência. Quando eu falo Tropa de Elite, não imagine um tiroteio, não falo de força física, mas de inteligência. Coloque essas dicas e instruções em prática que você vai ver os números crescendo e os seus profissionais evoluindo. Autoajuda não serve para aumentar as vendas e dar resultado. Este livro é para engrandecer o seu espírito.

No mundo corporativo, que é frio, gelado, calculista e extremamente competitivo, ou você sabe fazer ou você não sabe. E quem não sabe fica para trás. Este livro é para deixar você no rol dos caras que sabem fazer.

Agora, falamos aqui do centro de orientação de vendas, citando exemplos em que você está cara a cara com o cliente. É uma oportunidade excelente, porque você percebe se o cliente está sorrindo, se está de cara fechada, se avança o corpo, se olha para cima... Tudo isso é passível de interpretação. Mas e quando a venda não é presencial, como proceder? Hoje em dia as pessoas estão fechando negócios pelo WhatsApp. O que você pode escrever e o que não pode? Nas redes sociais: o que você pode postar e o que não pode? O que você pode falar, em que tom, com que intensidade? Um simples e-mail pode ser escrito de maneira a fechar a venda ou de maneira a te colocar em conflito.

O mesmo vale para o call center. Treinei inúmeras equipes desse segmento. O call center tem detalhes técnicos que fazem toda a diferença, como colocar aquele "sorriso" na voz. O cliente tem que sentir esse sorriso. Muitos call centers, inclusive, colocam um espelho na frente do atendente para reforçar a maneira como ele se vê e, consequentemente, o cara do outro lado também vai. A mulher se maquia, o homem penteia o cabelo. Isso tudo é técnica de venda para deixar o vendedor em sintonia com o cliente.

Às vezes, o tom que você dá no áudio do WhatsApp soa pesado, abrupto, impositivo. A ideia não é essa. Corrigir esse tipo de mancada é bem difícil, então muita atenção no momento de falar com o cliente, e mais atenção ainda quando o centro de orientação não for presencial. Nesse caso, você não tem a vantagem de interpretar o que está acontecendo, então precisa de muito feeling, muito sentimento e o dobro de atenção para conseguir tirar proveito das oportunidades.

Nada substitui o olho no olho, é verdade. Mas existem caminhos para minimizar essa distância física.

Hoje em dia, com a internet, você consegue acessar a rede social de qualquer um, saber se a pessoa tem portal, o que faz, se tem família, se é pai, se tem filhos, o time que torce. Você já parou para pensar na quantidade de informação que está disponível? Se você estiver preparado, enfrentará situações não presenciais estando presente pela quantidade e pela qualidade das informações que colher. Dê valor a essas informações que você vai ficar em sintonia com o cliente e vai falar o idioma dele, na velocidade dele, do jeito que ele gosta e que precisa ouvir.

Ele pensa que você está na dele. Mas não, lembra que eu falei da porrada lá na introdução? É ele que está na sua, você é um verdadeiro Pit Bull!

Você não precisa ser um detetive, um investigador, mas precisa dessa característica investigativa, dessa sagacidade. Imagine que alguém queira comprar um imóvel com você. A primeira coisa que vem à sua mente é: "Esse cara está vindo aqui para visitar, conhecer, xeretar ou para comprar mesmo?"

Então, o que você faz? Vai para cima da informação. Busque saber quem ele é, onde trabalha, o que faz, qual é a estrutura profissional e familiar desse cara, qual é o passado dele... Antigamente só se verificava o Serasa, para ver se o cara tinha o nome sujo. Hoje, as pessoas não querem saber só se o nome está sujo, querem saber da história, da biografia. Ninguém mais está disposto a começar uma negociação, seja virtual ou presencial, sem saber exatamente com quem está falando e como se posicionar.

Aí você imagina que alguém vai procurar seu perfil na internet. O que essa pessoa encontra: um perfil que vai ajudar a realizar o seu negócio ou informações e imagens que prejudicam o negócio? Pense nisso antes de postar. Ao mesmo tempo que a sua rede social pode ser uma ferramenta que vai te ajudar a vender, ela também é uma vidraça. Cuide da sua imagem!

Fique atento a isso, porque hoje em dia as pessoas são medidas até pela quantidade de seguidores. "Olha esse cara que importante, tem mais seguidores do que eu..." Nada a ver. Mas as pessoas estão na internet, estão expostas, já que você vai ficar exposto, exponha-se direito, de forma retilínea e condizente com aquilo que você faz. Vista-se para o sucesso, comporte-se diante do quadro em que você vive. Imagine um surfista com uma foto de bermuda e prancha no perfil dele. Faz todo o sentido. Agora imagine que você entre no meu perfil e encontre uma foto minha de bermuda, sem camisa, com um boné para trás, óculos escuro e uma prancha. Não parece o cara que vai te ensinar a vender mais e melhor, não é?

Cuidado, porque as pessoas vão procurar saber quem você é, e aí a decisão é sua. Seja coerente.

Um dos livros que mais vendeu no mundo foi *O Código Da Vinci*. O filme, por outro lado, não chegou nem perto do sucesso do livro. Sabe por quê? A narrativa do livro faz com que as pessoas idealizem os personagens. Para quem leu, o cara era alto, cabeludo e forte. No cinema, o cara era baixo, fraco e de cabelo curto, ou seja, não atendia à expectativa gerada. Vale lembrar que trata-se de um filme consagrado que teve um desempenho muito inferior ao livro porque a expectativa não foi proporcional.

Agora imagine um cara que não está com essa bola toda, que não tem sucesso prévio com um livro ou com algum conhecimento. Qual a importância da primeira impressão que esse cara vai ter com você?

Lembre-se de que você não vai ter uma segunda chance de causar uma boa primeira impressão. A mordida tem que ser certeira! Isso é muito importante. Você que está em pleno desenvolvimento da sua carreira e do seu negócio, muito cuidado com o que você posta, principalmente assuntos polêmicos. Onde é que esse tipo de conteúdo vai te levar? Para que falar de futebol, política, religião, assuntos que podem comprometer sua imagem, que podem passar uma imagem sua que não é real?

Imagine por exemplo alguém que está pensando em te contratar e você declara que curte determinada religião, é fanático por um time ou é adverso a uma determinada política. Você gera um contraponto negativo. As pessoas não querem só um bom profissional, mas pessoas que estejam conectadas com seus ideais.

As redes sociais foram feitas para conectar e não para desconectar. Fica ligado!

Capítulo 25:
Eficiência

Por que alguns vendedores vendem mais do que os outros? Você só compreende quando entende que existem dois estágios, dois níveis de vendedor: o nível tático e o nível estratégico.

No Capítulo 6, expliquei que você só consegue vender pela internet produtos que basta comunicar o valor. Bem, comunicar o valor, gerar valor, tem a ver com conveniência, tem a ver com customização, com serviço direcionado, com enxugar a cadeia do cliente. Gerar valor é levar a seguinte pergunta para toda sua vida: "O que mais eu posso fazer pelo cliente?"

E mais, entendendo bem o seu produto e sabendo todos os benefícios que ele pode gerar ao seu cliente, você conseguirá comunicar isso de forma clara. Isso torna a venda fluida. E o melhor, gera uma relação de confiança.

É assim que você gera valor. Sabe como nasceu um dos maiores valores da última década? Nasceu de uma oportunidade que nem mesmo o cliente enxergava: terceirizar os serviços. Em um belo dia, alguém chegou em uma empresa e disse: "Vem cá, teu negócio não é fabricar garrafa de água? Então para que esse monte de caminhão para entregar? Terceiriza isso para uma transportadora, vende os caminhões e investe o dinheiro na sua empresa, em máquinas novas, em tráfego, em propaganda…" Esse é um exemplo clássico que revolucionou o mundo. A partir daí, as pessoas passaram a dar mais importância ao core business.

Porém, o mais importante é você ter o vendedor certo para dizer isso ao cliente. Uma verdadeira Tropa de Elite não vacila, não perde a oportunidade por falta de conhecimento ou por uma avaliação errada. É nessas horas que costuma entrar em cena o sabichão de plantão, o cara que não entende nada, que é metido a especialista, e mandar aquela: "Vendedor bom vende até gelo para esquimó!"

Não caia nessa. Essa é a maior mentira que já inventaram. Não existe vender qualquer coisa para qualquer um. O nome disso é pilantragem. Sabe por quê? Porque existem somente três tipos de venda.

O primeiro tipo é a venda de alto impacto, uma venda em que o valor é criado, em que tudo está centrado na política comercial, no custo e no serviço da entrega básica. É aquele negócio em que a produtividade dita as regras do jogo. Exemplo: a Coca-Cola. O representante de vendas chega no ponto de venda apenas para registrar a falta do estoque e fazer o pedido. Não tem negociação nem desconto. Na venda de alto impacto, você não tem que dizer nada para o cliente, tem que produzir, apenas. Quanto mais você produz, mais escala você tem, isso é volumetria.

O segundo tipo de venda é a venda consultiva. Na venda consultiva, o cliente precisa do vendedor, porque ele não sabe concluir o processo sem a sua consultoria. Existem dois tipos de venda consultiva: a de alto impacto e a de longo impacto.

Um exemplo clássico de venda consultiva de alto impacto é o plano de saúde: o vendedor se senta com o cliente para discutir cada uma de suas necessidades e oferece um pacote personalizado para fechar a venda no final.

Já a venda consultiva de longo impacto é diferente por demandar mais tempo e ter uma consultoria mais complexa. Assim, você não consegue obter um fechamento logo após uma consultoria primária.

O terceiro tipo de venda é a venda empreendedora, como o exemplo da terceirização que expliquei no início deste Capítulo. A venda empreendedora é quando você vende algo que o cliente nem sabia que precisava e que vai realmente causar impacto na vida dele. É o caso das empresas que fabricam a embalagem do próprio produto, que verticalizam tudo.

Conheço raríssimas empresas que conseguem verticalizar de zero a cem. Geralmente, essas são as empresas que não param de produzir e que normalmente funcionam com base em sua capacidade de produção, que é menor do que sua capacidade instalada. Elas vendem muito mais do que conseguem produzir.

Em suma, só existem três tipos de venda. Se você contratar um vendedor que vem do mercado de alto impacto para fazer vendas consultivas não vai dar certo, porque esse cara é ansioso, está acostumado a volume alto, não está acostumado a trabalhar a venda, mas ao alto impacto, e esses vendedores não se misturam, porque são completamente diferentes. Um visita muito, outro visita menos. A visita de um é breve, enquanto a do outro é demorada. O vendedor só está apto a fazer essa parte da consultoria quando vai para o mix do on-line e do off-line. O vendedor de alto impacto normalmente tira pedido on-line e acaba entrando no presencial apenas para gerir conflitos.

Por isso, saiba qual é o seu tipo de venda. Onde é que sua empresa se encaixa: no alto impacto, no consultivo ou nas vendas empreendedoras? Se você errar aqui, também não vai acertar na hora de vender.

Ter uma Tropa de Elite de Vendas passa, necessariamente, por um alto conhecimento sobre o que você vai vender, quem é seu cliente e qual o melhor processo para que a venda aconteça. Sabendo isso, você saberá qual tipo de vendedor precisa contratar.

Capítulo 26:
Recrutamento: Montando uma Tropa de Elite

Depois de entender os tipos de venda, como fazer para vender mais e os motivos que levam um vendedor a vender mais do que outro, você só não pode errar em mais um detalhe, amigo: contratar mal, como disse no final do capítulo anterior, isso é essencial para ter uma verdadeira Tropa de Elite de Vendas!

Se você errar aqui, se fizer uma seleção e colocar para dentro o cara errado, isso vai te custar muito caro.

Guarde isso na sua mente:

Contrate lentamente, demita rápido. É muito mais caro perder cliente do que demitir vendedor.

Por isso, você precisa de um processo de contratação muito preciso. Isso é um verdadeiro desafio quando o assunto é contratar vendedor, porque normalmente eles são treinados para argumentar, para criar um personagem que impressione. Não é que o vendedor mente, mas ele exagera, floreia, romantiza. Não é que o vendedor não possa ser engenheiro, mas é que todo vendedor tem aquele espírito de decorador, entende?

Por isso, seja determinado durante a entrevista. Tenha postura, aja com convicção e faça perguntas precisas e matadoras.

Uma das primeiras atitudes que você deve tomar já na primeira entrevista é provocar a desistência do candidato. Experimente dizer o seguinte: "Olha, gostei de você, mas aqui o desafio é grande e, pelas suas competências e seu histórico profissional, acho que você não vai dar conta..."

Das duas, uma: ou ele vai minguar, vai concordar com você e jogar a toalha, ou vai virar um verdadeiro Pit Bull raivoso que vai lutar por uma oportunidade de provar o contrário. O segundo é o cara com o perfil e o comportamento que te interessa. O primeiro é só perda de tempo e, se você insistir nele, de dinheiro.

Outro detalhe muito importante dessa primeira entrevista: esclareça a oportunidade que você está oferecendo. Evidencie que negócio você está oferecendo, quais são as regras (vendedor precisa de regras, porque já lida com muita variável) e, fundamentalmente, faça de tudo para conhecê-lo. Analise a apresentação pessoal dele. Ele se preparou para a entrevista?

Falamos um pouco sobre as redes sociais. Bem, essa é uma excelente oportunidade para usá-las. Visite o perfil do candidato e verifique se ele está na ativa. Analise os objetivos pessoais dele, que objetivos de vida ele tem e se eles se relacionam com a oportunidade que você está oferecendo.

E não pergunte se ele tem experiência em vendas, pergunte como é a entrega dele. Onde foi que, quando entrou, ele vendia dez e quando saiu vendia doze? Como ele chegou a esse resultado? O que ele construiu, o que entregou, o que edificou? Se na primeira entrevista você não conduzir um sistema de pressão em cima do vendedor, ele é que vai pressionar você. Uma Tropa de Elite te trará muitas vendas, mas é preciso saber lidar com ela, afinal, não é qualquer um que pilota um foguete, *né*?

Em um segundo momento, você deve testar a ética do vendedor. Peça a ele que te dê um bom motivo para ser o dono da vaga. Mostre a ele os candidatos que estão concorrendo com ele e pergunte por que ele e não o Pedro, o João, o Joaquim ou a Maria. Se ele começar a agredir as deficiências dos outros e tentar diminuí-los em vez de defender os atributos dele, você já sabe que, quanto à ética, esse cara não serve. E ética, meu amigo, não se treina e nem se ensina. Ou cara tem ou não tem, simples assim!

Uma opção muito interessante é pedir ao candidato que apresente duas características que defendam as forças dele e outras duas que defendam as fraquezas. Se o cara disfarçar uma força de fraqueza, muito provavelmente é um enrolão. Fuja de respostas clichê do tipo: "Olha, eu sou muito exigente, essa é uma fraqueza minha", "Sou perfeccionista", "Trabalho demais", "Exijo demais". Isso é história para boi dormir, esse cara vai ficar te enrolando, justificando porque não bateu a meta. Você não precisa disso.

Se você achar que está com o profissional certo, faça uma dinâmica de grupo para sair do achismo e ter certeza. Selecione, por exemplo, três ou quatro finalistas e faça uma dinâmica desafiadora. Exponha todos eles à prática. O vendedor fica exposto o dia inteiro aos mais diversos tipos de situações, ele não pode tremer em uma dinâmica de grupo.

Ainda na dinâmica, provoque. Faça uma votação secreta perguntando quem é o candidato certo para a vaga e analise as justificativas. Sempre tem alguém que se destaca, porém, o outro sempre vai dizer que o cara certo é ele. Veja se de repente a defesa dele faz sentido. É na dinâmica de grupo que o candidato mostra se sabe trabalhar em equipe ou não, basta elaborar um teste que evidencie essa aptidão.

"*Tá* vendo essa garrafa? Vende pra mim." Essa pergunta é matadora e sempre diferencia quem sabe fazer de quem fala muito. E quem fala muito e não faz, meu amigo, só te deixa exposto a bombas, tiros e muito distante de consolidar uma Tropa de Elite.

Você tem que pegar o candidato de surpresa na seleção, porque é isso que o cliente vai fazer com ele no cotidiano. Teste as habilidades dele, deixe que ele se exponha e faça perguntas inteligentes, como por exemplo: "Amigão, qual você acha que é a melhor parte da sua profissão, de ser vendedor?", "Por que você saiu da sua última empresa? Foi por causa da remuneração ou do ambiente de trabalho?", "Qual foi o último livro que você leu?" Essa não perdoa ninguém. Na maioria das vezes o cara vem com um best-seller clichê, tipo *O Monge e o Executivo*, porque todo mundo leu.

Veja se o candidato dá valor ao conhecimento, pergunte qual foi o último curso que ele fez. Aí você começa a entender a visão de médio prazo dele. Questione sobre os objetivos que ele tem para os próximos noventa dias. Já sabe, *né*? Se ele vier com o "veja bem", já descarta de uma vez; esquece porque não vai funcionar.

Procure perguntar sobre os hábitos do candidato. Um cara que não tem bons hábitos não vai a lugar nenhum. Lembre-se de que você está contratando personalidade e habilidade, que são os dois principais atributos de qualquer bom profissional.

Olha só esse quadro que eu criei para te mostrar como custa caro contratar errado:

NOME	PITBULL	FIM DA LINHA	MARCHA LENTA	PONTO MORTO
FATURAMENTO	100 MIL	50 MIL	30 MIL	20 MIL
FIXO	2 MIL	2 MIL	2 MIL	2 MIL
COMISSÃO 10%	10 MIL (12%)	5 MIL (14%)	3 MIL (17%)	2 MIL (20%)

Você tem aqui quatro vendedores: o Pit Bull, o fim da linha, o marcha lenta e o ponto morto. O custo fixo é o salário que você paga a cada um deles e a comissão, também igual para todos, é de 10%.

Analise este quadro com atenção e repare na diferença que essas porcentagens fazem. Proporcionalmente, a diferença é exorbitante. Hoje em dia, os negócios têm margens muito espremidas, então veja só o peso que é contratar errado. Coloque esse quadro na sua sala, pendurado, para você não esquecer.

Saiba diferenciar o vendedor que dá lucro daquele que não dá e o que dá mais lucro do que o outro. Você precisa dessa visão, porque se você não tiver, sua falência é iminente. Não descuide nunca da rentabilidade!

Entenda que a cada vez que um vendedor comete um erro grave, quem paga é você. Erros comuns como postergar, adiar sem necessidade, deixar para amanhã algo que pode ser feito agora e etc. custam muito caro. O vendedor que comete esses deslizes está acostumado a improvisar, e eu nunca vi improviso dar certo que não fosse no jazz.

Esse é o famoso vendedor que vem com aquela desculpa do "ih, não deu". Como não deu? Para que você contrata um motorista? Para dirigir, *né*? Para que você contrata um faxineiro? Para limpar, certo? Um cozinheiro, você contrata para quê? Para cozinhar. E para que você contrata um vendedor? Para bater meta e entregar resultado! Vendedor que não bate meta só serve para dar despesa.

Avaliar deve ser uma atividade constante, como já falamos. Entenda que avaliar não é uma atividade esporádica, é o tempo todo. Porém, as pessoas são sua força motriz, são elas que te representam na hora H. Se o desempenho delas não estiver excelente você acaba se dando mal.

E depois de avaliar, o que fazer? Bem, realmente não adianta nada avaliar e não saber o que fazer depois. Quanto aos vendedores, você vai encontrar quatro perfis: o competente, o incompetente, o motivado e o desmotivado. Entenda como desmotivado aquele cara descomprometido, que não leva nada a sério. É o que você mais vai encontrar.

Se você tem um vendedor motivado e competente, você tem que entregar desafio para ele. O cara é movido a desafios! Com novos objetivos o puxando para cima, ele vai voar. Aumente a régua dele aos poucos e veja como ele responde bem.

Agora, se você tem um cara desmotivado e competente, vale a pena investir. Motive-o, o problema dele pode ser temporário, como alguma besteira que o desanima. Se o cara é competente, vai te dar muitos frutos, basta regar um pouquinho.

Agora, se você tem um vendedor motivado e incompetente, lascou. Esse é o burro motivado, que faz tudo errado feliz da vida. É um verdadeiro dromedário perdido em uma cristaleira: quebrando tudo, babando horrores e feliz que só vendo. Esse cara precisa de treinamento. Aproveite a motivação dele o ajudando a fazer a coisa certa.

Para esses dois últimos casos, existe feedback, treinamento e reuniões de venda. Lembra que já falamos disso, *né*?

Agora se você tem um vendedor incompetente e desmotivado, vapo nele! Demita sem pensar duas vezes. Não se esqueça: demita rápido, contrate devagar. Isso não é dica, não é conselho, é lição de vida. Experiência é uma questão de danos, não de anos. Trata-se daquilo que você viveu e daquilo que aprendeu. Tem gente que não vale a pena investir. O desmotivado incompetente está nessa lista.

Enfim, existem diversas maneiras de vender mais, vender melhor, portar-se melhor no mercado e etc. Agora, você precisa saber o que faz, precisa conhecer as técnicas que vai aplicar e entender como vai fazer isso para subir cada vez mais.

Nessa jornada rumo ao topo, você encontra cinco tipos de pessoas:

1) Você vai encontrar vencedores

O vencedor é um cara que nem você que está lendo este livro: ele quer crescer, quer conhecimento, quer novas técnicas e ferramentas, ele gosta de se dedicar. Os vencedores superam obstáculos, desafiam-se o tempo todo e nunca param de aprender.

2) Você vai encontrar perdedores

A principal diferença entre o perdedor e o vencedor é apenas um detalhe: o perdedor desistiu de tentar. O sucesso não vem de um dia para o outro, mas com a dedicação de toda uma vida.

3) Você vai encontrar jogadores

Os jogadores são aqueles caras que começam bem demais, melhoram e depois caem porque não aguentam o ritmo. Se é para jogar, então jogue para vencer!

4) Você vai encontrar acrobatas

Eles começam com uma apresentação extraordinária, de cair o queixo, mas vão diminuindo o rendimento ao longo do caminho.

5) Você vai encontrar PCATs

Os PCATs são aquelas Pessoas Contra Absolutamente Tudo. Esses são os caras que você mais vai encontrar na sua vida. Não dê atenção a esse tipo de gente, porque as pessoas não falham, elas simplesmente param de tentar.

E aí, qual deles você quer ser?

Agora que você conheceu as técnicas de vendas, é hora de entender como gerenciar o marketing digital da sua empresa. O mundo on-line veio para ficar e, se você é daqueles que acham que seu negócio não precisa estar no digital, meu amigo, os dias da sua empresa estão contados. Não é uma mera questão de vender on-line ou não, como vimos no Capítulo 6, mas de entender que seu negócio precisa de divulgação, e o melhor ambiente para se divulgar, hoje em dia, é a internet.

Mas aqui não estamos falando de cumprir tabela. Estar na internet por estar não é para um verdadeiro Pit Bull. Aqui, vamos reforçar, no digital, o estilo Tiro, Bomba e Porrada!

Como o tema é marketing digital convidei meu grande amigo especialista no assunto, Bruno Tassitani, para enobrecer esse conteúdo. Lembram que eu disse que o vencedor nunca para de aprender e está sempre em busca de conhecimento? É o que eu faço e os próximos capítulos deste livro, correspondentes à Parte 6, têm muito do que aprendi com ele.

Aproveite!

5 mandamentos que Aceleraram Meu Sucesso

1 - Experiência tem a ver com danos e não com anos
- A dor muda as pessoas e a imagem que você tem de si
- Os danos determinam o tamanho do seu sucesso
- A dor é a fraqueza indo embora

2 - Contribua para o sucesso de todos ao seu redor
- A solidariedade é um exercício que gera muita musculatura
- Seja generoso, mas não espere que te reconheçam, faça de coração
- O sucesso dos que estão a sua volta é o seu sucesso

3 - Fazer o bem faz bem
- Seja bondoso, generoso, doador, participativo, mas olhe o tempo todo para todos os lados
- Ninguém tem tão pouco que não possa ajudar ninguém
- Pratique a gratidão

4 - Não resista. Adapte-se!
- Mudar é bem diferente de se adaptar
- Não mude sua essência, mas não negue as mudanças e inovações que o mundo traz
- Adapte-se a lugares, situações e a pessoas. Mas só fique onde couber você!

5 - Não trabalhe para sobreviver e sim para viver
- Não trabalhe, divirta-se
- Só se vive uma vez, então aproveite essa chance
- Sucesso é ser feliz

PARTE 6:
Marketing Digital no Estilo Tiro, Bomba e Porrada!

Capítulo 27:
A internet é um Campo Minado, Seja a Melhor Opção Disponível

Ser a melhor opção disponível significa parecer a melhor opção disponível. Vamos ver um exemplo: as pessoas que estão vendo seu produto já viram produtos semelhantes antes, então o seu tem que parecer a melhor oferta disponível naquele momento.

Como fazer isso? A primeira coisa a se fazer é cuidar do pós--clique, que é basicamente para onde o contato é direcionado quando clica no seu anúncio. Muita gente é encaminhada direto para o WhatsApp, mas eu não acho uma boa ideia. Em alguns casos, pode até funcionar, mas você pode aproveitar melhor esse recurso potencializando sua oferta antes de encaminhar o cliente para o chat.

Em vez disso, encaminhe a pessoa para uma landing page em que você agregará valor. Estamos indo pra porrada, trazendo o cara para o nosso ambiente. Mostre cases de sucesso, explique como o produto vai chegar, apresente informações e ofereça garantias antes de encaminhar o cliente para o WhatsApp.

Para que você consiga convencer o cliente de que realmente a sua oferta é a melhor opção disponível, busque fazer com que a pessoa olhe e pense: "Preciso disso agora!" Para tal, você precisa de um gatilho. As pessoas costumam procrastinar e desistir da maioria das coisas que pensam em fazer. Quando se trata de gastar dinheiro então, aí que a coisa piora. E lembre-se: o ambiente on-line é muito volátil e você não está lá para convencer o cliente, tem que fazer isso por meio de ferramentas e técnicas que vamos ensinar aqui. Voltando, pode ser que esse contato simplesmente desapareça ou perca a vontade de agir. Evite isso estabelecendo um tempo limite de ação.

Outro recurso interessante é usar frases para ativar o gatilho mental da escassez. Imagine que você entrou em uma loja e gostou de um relógio. Depois de provar, você diz ao vendedor: "Certo, mais tarde eu passo aqui e levo, tudo bem?" O vendedor, por sua vez, responde o seguinte: "Claro. Venha, sim. A gente tem mais dez aqui no estoque".

Quando o vendedor faz isso, ele coloca na cabeça do cliente que ele pode comprar depois. Agora, se o vendedor dissesse o seguinte: "Olha, esse aqui é o último e eu não tenho previsão de quando teremos esse modelo de novo." Ansioso para não perder a oportunidade, o cliente se adianta e compra do jeito que der, porque a escassez faz com que as pessoas que estão em cima do muro partam para a ação.

Sempre que você estabelece um tempo limite de ação, um prazo limitado ou ativa o gatilho da escassez, automaticamente impulsiona a venda. Isso acontece porque é comum do ser humano procrastinar. Quantas vezes você mesmo começou algum projeto que não concluiu como um curso ou uma faculdade, por exemplo? Isso acontece porque o ser humano é assim mesmo. Então, use o comportamento humano a seu favor, não contra você.

Coloque na sua estrutura algum limitador de tempo e quantidade, porque isso vai fazer com que o cliente saia de cima do muro. Mais à frente tem um capítulo exclusivamente sobre gatilhos mentais para você utilizar e alavancar suas vendas.

Bem, voltando à página, o segundo principal gatilho que você deve utilizar é demonstrar que seu produto já funcionou para outras pessoas, seja com vídeo, foto ou qualquer outro conteúdo. Demonstrar que o produto funcionou para outros ativa um gatilho, para quem ainda não comprou, de que o seu produto é a solução para o problema dessa pessoa. Ao mesmo tempo, gera mais confiança em quem está na dúvida sobre a compra. Depoimentos, prints, fotos, vídeos, qualquer conteúdo que mostre que seu produto ou serviço tem um benefício claro.

Esse tipo de estratégia gera a sensação de que seu produto é, de fato, a melhor opção disponível, o que acelera a decisão de compra.

Capítulo 28:
Analisando a Concorrência

Na internet também tem bomba e você tem que ser o melhor para evitá-la. O foco deste capítulo é elaborar uma oferta irresistível, algo que seus *leads* simplesmente não vão ter como recusar. Antes de qualquer coisa: oferta é o composto, é a apresentação daquilo que você mostra para o cliente.

Oferta não significa desconto (repita essa frase), deixe esse mindset de lado. Quando falamos sobre a construção de uma oferta irresistível, a primeira coisa que você precisa entender é que todo cliente tem uma pré-concepção de quanto deveria custar seu produto, seja ele um curso on-line ou um livro, por exemplo. A elaboração da oferta tem a ver com a percepção de valor que sua audiência enxerga a respeito do que você oferece. E, principalmente, com o quanto seu produto é atrativo.

Para conseguir espaço e visibilidade, você precisa fazer uma análise da concorrência. Lembra da bomba lá no início? No on-line você também não pode esquecer ou descuidar dela. Independentemente do que você venda, pesquise a respeito do produto para entender como seus concorrentes estão precificando e apresentando produtos similares ou iguais, porque no momento em que seu cliente encontrar sua oferta, ele vai pesquisar para saber se é melhor do que as alternativas. Aí, se você tiver mapeado corretamente e feito a melhor oferta possível, o jogo virou. Você se tornou a bomba para os seus concorrentes!

Em seguida, certifique-se de que sua estrutura esteja adaptada aos dispositivos móveis. Ou seja, ela precisa funcionar bem não apenas no computador, mas no celular também. Muitas pessoas só a testam no computador, o que é um erro grave. Hoje em dia, a maioria das pessoas compra pelo celular.

"Ah, mas eu vendo pelo WhatsApp..." Então teste diariamente os botões e links que encaminham o *lead* para o aplicativo, porque é possível, e até comum, que algum erro prejudique seu funcionamento. Adquira o hábito de testar seus links ao menos uma vez por dia para ter certeza de que tudo está funcionando como deveria. Isso é muito importante e muita gente ignora.

Outra questão determinante para compor uma oferta irresistível é abandonar a ideia de superar o concorrente através do preço. Foque o que é melhor para seu cliente, foque o valor genuíno. Nem sempre o preço é o motivo que atrai o cliente para o seu lado. Pode ser que seu cliente esteja muito mais preocupado com prazo, com entrega, com garantia ou com opções de parcelamento do que com o preço em si. Às vezes, um outro atrativo acaba sendo muito mais significativo na hora da escolha. Entenda que a venda não ocorre no momento em que você faz o anúncio, mas quando o *lead* clica nele e cai no seu ambiente de conversão.

O anúncio tem apenas uma função: atrair pessoas interessadas para o ambiente de conversão. O que converte é sua estrutura, não o anúncio. O que executa a conversão é sua estrutura. Se a sua taxa de conversão for muito baixa, precisa rever esse ambiente.

Por isso, ao analisar o concorrente, atenha-se àquilo que eles estão fazendo e você não está. Ou melhor, ainda não está. Pense em maneiras de produzir melhores resultados para seus clientes e, principalmente, se o que você faz está no padrão do mercado. Se não tem ninguém fazendo igual ou parecido, é você que vai ditar o padrão. Se outros já estão fazendo, siga a mesma linha, mas sempre buscando o diferencial.

E então, qual vai ser o seu diferencial? É preço, garantia, qualidade, formato, maior número de casos de sucesso? Isso tem que ficar bem claro na sua linha de comunicação para que você faça bom uso do diferencial, tanto nos anúncios quanto na estrutura de conversão. Esse é o ponto culminante para amplificar o resultado das suas campanhas.

Capítulo 29:
Tráfego Orgânico versus Pago

Agora vamos falar sobre os tráfegos orgânico e pago, suas principais diferenças e as vantagens e desvantagens de cada um.

O tráfego orgânico é basicamente o que você não paga, o gratuito. Trata-se dos seguidores que você já tem, daquela audiência que você já construiu. Qualquer pessoa que tem uma conta no Instagram está usando o tráfego orgânico.

A grande questão do tráfego orgânico é que menos de 6% da sua base acaba se engajando ou até sendo alcançada pelas suas publicações. Isso significa que focar na atração de likes ou apenas de seguidores não é o melhor caminho, porque se o seu conteúdo não for altamente compartilhável, você estará restrito a esses 6%.

Nas academias, as pessoas comentam que "quem cresce de forma natural é planta". Aqui não é diferente. Enquanto você não aderir ao tráfego pago de qualidade, dificilmente vai conseguir um pico de crescimento em um curto período.

A principal diferença entre os dois tipos de tráfego é que, no orgânico, você não tem 100% de controle nem consegue segmentar. Com o tráfego pago, você controla não apenas o interesse e a usabilidade, como também o direcionamento dos anúncios, ou seja, que perfil de público você deseja que tenha acesso ao conteúdo e que perfil deseja que não tenha.

Segmentar é muito melhor porque otimiza seu funil de vendas. Depender do tráfego orgânico só funciona se você tiver uma base gigantesca de seguidores, o que não é o caso da grande maioria. Se você depender dos seus amigos e apoiadores iniciais para comprar, só 6% deles verá seu conteúdo. É justamente por isso que tanta gente usa o Instagram mas não tem resultados.

Postar uma coisinha bonita ou uma frase bacana diariamente pode até fazer parte do negócio, mas não dará resultados significativos só com o tráfego orgânico, porque ele demora muito mais para crescer e não te dá controle sobre esse crescimento.

Enquanto isso, o tráfego pago é muito mais rápido. Nele, você consegue direcionar suas ações. Assim, fica mais fácil monitorar o crescimento.

Agora vamos falar de algo importante e muito comentado que é a compra de seguidores. Bem, ter seguidores comprados em uma plataforma não aumenta seu engajamento, porque eles são robôs, são simplesmente pessoas que não interagem com seu conteúdo. A questão aqui é, no começo, ter alguns seguidores apenas para transmitir credibilidade. As pessoas se deixam guiar por volume. Nesse quesito, o tráfego orgânico até ajuda.

Já no Facebook existe um tipo de campanha chamado "curtidas na página", em que você pode destinar parte da sua verba para conseguir curtidas. Essas curtidas são de pessoas reais.

O Instagram não te dá essa possibilidade, ele entende que você deve atrair curtidas pelo seu conteúdo.

Existem duas maneiras de você conseguir seguidores mais rápido no Instagram: a primeira é comprar os seguidores em um pacote apenas para subir seu número, que tem custo e zero resultado de verdade. Eu não recomendo. A segunda é conseguir seguidores de verdade utilizando algumas ferramentas que oferecem um serviço mais ou menos assim: você escolhe alguns temas do seu interesse e seu perfil passa a seguir pessoas que interagiram ou se engajaram recentemente com alguns perfis ou temas que você selecionou com o objetivo de que as pessoas te sigam de volta. Em seguida, ele vai deixando de seguir essas pessoas e, com isso, vai aumentando sua base de seguidores. É quase como o tráfego orgânico, só que você interage com pessoas de verdade que realmente vão te seguir e cuja compra pode ser interessante no início de um negócio.

Outro erro comum é utilizar aqueles botões que, no Instagram, têm o nome de "promover", e no Facebook chama-se "impulsionar publicação". Esses botões têm somente uma finalidade: fazer você gastar seu dinheiro. Eles servem para que seu anúncio apareça para várias pessoas, e o formato da cobrança é por exibição.

Tão importante quanto ter mais seguidores é não perder. Então, ofereça conteúdos relevantes sobre o seu produto ou negócio e faça a curadoria minuciosa nas postagens e promoções. Tudo isso contribui muito na retenção dos seguidores já adquiridos.

Assim, o foco é meramente o alcance. Essas ferramentas de divulgação são muito limitadas. Se você for usar o tráfego pago, é fundamental adotar uma estrutura mais robusta, com mais segmentações. Os anúncios do Instagram podem ser criados em http://business.instagram.com/ e os do Facebook em http://business.facebook.com/.

Em suma, sempre opte pelo tráfego pago. O orgânico só serve para criar engajamento.

Capítulo 30:
Google versus Instagram

Agora vamos ver as diferenças entre anunciar em cada um dos três principais players de mídia que temos hoje na internet.

Abordo o Facebook e o Instagram apenas como o porquê de as questões de segmentação serem as mesmas em ambas as plataformas. Entre esses três, temos também o YouTube e o AdWords.

Vamos começar pelo AdWords. No que ele se diferencia em relação ao Facebook e Instagram?

O AdWords é o sistema de anúncios do Google e possui três vertentes. A primeira é voltada a pessoas que buscam uma palavra-chave específica, que destaca seu site na lista de pesquisa.

Além de poder selecionar várias palavras-chave, você também pode selecionar raios de quilometragem, direcionando suas campanhas para a região que seu serviço cobre.

O AdWords também conta com um sistema chamado rede de display, que são aqueles banners que aparecem em alguns sites, identificados por um "i" ou um ícone do Google.

Para usá-lo, é simples: basta escolher em quais categorias de conteúdo você quer que seu banner apareça. Tudo que tiver correlação com o conteúdo e for permitido para veicular anúncio do Google vai mostrar o seu banner.

Mas será que o AdWords é uma boa estratégia para seu negócio? Sim, principalmente para negócios locais. Imagine só se você tem um site bem preparado que está atraindo muitas visitações ou que já está bem posicionado no Google. Como você pode usar o AdWords junto com o Facebook e o Instagram? É importante que você tenha uma linha de código que a gente vai chamar de pixel.

Toda vez que alguém visita seu site, um cookie é armazenado no dispositivo da pessoa, que coleta informações e a encaminha para seu banco de públicos personalizados. Assim, você pode selecionar pessoas que visitaram seu site e mostrar anúncios específicos dentro das suas redes sociais, mesmo que tenham vindo através do AdWords. Isso se chama remarketing.

Outro detalhe importante do AdWords são as fontes de receita, que são as palavras-chave mais quentes do mercado relacionadas ao seu conteúdo. Digamos que uma pessoa esteja procurando curso de fotografia em São Paulo. Ela tem mais probabilidade de fechar uma compra do que alguém que só procurou "curso de fotografia", porque quanto mais específica a busca, mais preparada e mais quente a pessoa está.

Agora imagine a seguinte situação: você tem um restaurante, que é um negócio que impacta muito mais pela imagem do que por uma palavra em si. Nesse caso, é melhor trabalhar com anúncios dentro das redes sociais, com um público segmentado. Se você trabalhar apenas com o Google, vai ficar refém das pessoas que procuraram seu segmento e que vivem na mesma área em que você atua, ou seja, você fica limitado, não consegue pescar o público, precisa esperar que ele vá até você.

Então, a diferença entre Facebook e AdWords é que o primeiro trabalha com comportamento e segmentação, enquanto o segundo é acionado por busca e tipo de site que a pessoa está procurando. Outro detalhe crucial é que o AdWords não possui engajamento.

Só com o Facebook dá para ter resultado? Só com o Instagram? Só com o AdWords? Sim, mas é importante que você combine ações para ter uma visão 360°.

Agora, com relação ao YouTube, você pode fazer anúncios direcionados, aqueles que antecedem o vídeo. Existem algumas opções: anúncios completos, anúncios de 15 segundos sem a opção de pular e anúncios de 30 segundos com a opção de pular. O YouTube oferece duas segmentações: por canais e por vídeos. Você pode também segmentar por temas ou palavras-chave relacionadas.

O grande problema do YouTube é ficar refém do que as pessoas buscam ou estão assistindo. Ele é excelente para amplificar ações, mas nunca como ação única. O YouTube é uma excelente fonte de remarketing, assim como o Facebook.

Remarketing é quando você entra em um site e se depara com um banner daquele site em outro, que não tem nada a ver. Tenho certeza de que isso já aconteceu com você.

Agora vejamos o Facebook e o Instagram. Eles oferecem uma linha muito maior de segmentação com base em comportamento, dados demográficos, geolocalização, hábitos de consumo e etc. Porém, o que mais destaca essas ferramentas é o engajamento. Você pode ver o que as pessoas estão dizendo sobre o anúncio. Além disso, elas têm a opção de te marcar, ou seja, você consegue fazer com que pessoas marquem amigos que precisam do seu produto, fazendo com que a prova social fique evidente no caso de você mostrar pessoas falando bem do seu negócio para potenciais clientes.

E o TikTok? Que bicho é esse? Se você não conhece, amigo, está atrasado e já é alvo fácil para tiros e bombas. Vou te contar, o TikTok se tornou um canal indispensável para quem quer alcançar a Geração Z. Ele já é considerado o "Google" desta geração, uma vez que eles passam horas e horas navegando pela plataforma em busca de novas tendências, produtos e serviços. E é aí que você entra! Ao utilizar o TikTok para criar conteúdos criativos e engajadores, as empresas podem aproveitar essa enorme audiência e impulsionar suas vendas on-line. Essa rede social oferece diversas ferramentas para facilitar as compras, como links diretos para produtos, lives de vendas e parcerias com influenciadores. Mas tem mais, o TikTok permite que as marcas humanizem seus conteúdos e criem uma conexão próxima e verdadeira com o público jovem. Agora, lembre o que já falamos aqui, saiba o que vai vender e para quem vai vender para definir o canal. O TikTok atinge o coração dos jovens. Então, dificilmente você vai vender um carro de luxo por lá, certo?

Capítulo 31:
Tipos de Anúncios

Existem vários tipos de canais em que você pode divulgar seu negócio: TV aberta, TV fechada, panfletagem, redes sociais e etc. Mas qual a diferença entre eles e qual o melhor?

Bem, se sua empresa é de médio ou grande porte, arrisco dizer que você já fantasiou aquele anúncio no intervalo da novela das oito. A visibilidade com certeza é grande, mas essa pode não ser a melhor opção.

Trabalhei prestando consultorias para empresas quanto às ações de impacto de marketing para desenvolver uma estratégia equilibrada e eficaz. Vamos analisar alguns pontos de cada canal.

A TV aberta é como se fosse um canhão de audiência. Você coloca muita gente dentro do funil. Funciona? Depende. Imagine que você tem um restaurante. O mais provável é que atenda a um raio de 8 km ao redor da localização, certo? Aparecer na novela das oito dá muita visibilidade de marca à sua empresa, mas todo mundo que está assistindo vai poder ir no seu restaurante? Muito provavelmente, não. Isso te faz desperdiçar muita mídia. Assim, o melhor é pensar em algo local.

Outra grande desvantagem da TV aberta é que as pessoas tendem a se distrair durante os comerciais. O mais comum é que você corra para tomar uma água, um café, aproveite para ir ao banheiro, falar com alguém, olhar o WhatsApp e, automaticamente, acabe não prestando atenção. Essa constatação deu origem a um termo conhecido como mídias de segunda tela.

Repare, principalmente nos reality shows, que existem interações com o público televisivo direcionando para as redes sociais, com alguma hashtag ou algo parecido. Isso acontece porque eles têm certeza de que as pessoas assistem ao programa vendo uma segunda tela.

Assim, qual é o problema de anunciar na TV? Você está competindo com a atenção que o espectador dá aos amigos, familiares, redes sociais e etc. Então, dependendo do caso, o melhor a se fazer é direcionar diretamente para as redes sociais. Outro grande empecilho de anunciar na TV são os preços, que costumam ser bem elevados, justamente para segmentar os anunciantes.

Já na TV fechada existe uma audiência muito mais específica. O conteúdo é muito mais nichado, voltado a públicos mais seletos e da mesma linha de interesse. Assim, nenhum fator da TV, tanto aberta quanto fechada, promove uma segmentação diferente do que é possível fazer nas redes sociais.

Aí é que vem a dúvida: é melhor anunciar no Facebook, no Instagram, investir em panfletos, em outdoors, na TV...?

Essa é uma das principais dúvidas de quem está começando um negócio ou uma ação de marketing. Vamos analisar um exemplo: digamos que você vai fazer 5 mil panfletos. Geralmente, os impressos acabam no lixo ou no fundo do armário, certo? Bem, vamos supor que esses panfletos tenham custado R$400.

Aí você pensa: 5 mil panfletos = alcance de 5 mil pessoas. Só que não. É comum que o entregador de panfletos os distribua de dois em dois para terminar logo. Fato. Então, 5 mil panfletos = alcance de 2,5 mil pessoas.

Assim, você gastou R$400 para atingir 2,5 mil pessoas. Vamos ser otimistas e pensar que 500 pessoas realmente leram seu panfleto. Aí entra um outro detalhe crucial: você não faz ideia de quem são essas pessoas, não teve nenhum feedback nem sabe se elas passaram o panfleto para algum conhecido que poderia se interessar.

Esse é o pulo do gato das redes sociais: as pessoas marcam, recomendam, e sua mensagem está fixa. Ela vai para as outras pessoas exatamente como você quer que elas vejam. Com o panfleto, você teria gasto R$0,80 por *lead*, mas não tem como contatar essas pessoas. Por isso, o panfleto acaba sendo muito mais caro.

Por outro lado, se você investir esses R$400 em um anúncio no Facebook ou Instagram, considerando que tivesse o mesmo alcance, teria 500 potenciais clientes segmentados, com a possibilidade de ser indicado para amigos e conhecidos deles. Tanto o panfleto quanto o outdoor, por exemplo, invalidam essas vantagens. Não é uma metralhadora, que desperdiça um montão de munição. É um sniper, que vai diretamente onde interessa.

Para alguns modelos de negócios, como pizzarias e restaurantes locais com delivery, essa estratégia ainda funciona. Contudo, ainda recomendo uma ação combinada de panfleto e anúncios com raio de quilometragem que capture pessoas já segmentadas.

Além disso, ainda tem aquelas pessoas que vão entrar em contato com você pelo WhatsApp ou se cadastrar no seu site. Com isso, você pode fazer uma listagem dessas pessoas, exportar para o Facebook e solicitar que ele busque uma base similar de público. Lembra que quando você cria uma conta em uma rede social vincula seu número de telefone a ela? O Facebook e o Instagram identificam seu perfil e captam pessoas com perfil parecido.

Qualquer rede social promove vantagens muito mais significativas em termos de divulgação. Além dos efeitos, proporcionam uma segmentação diferenciada, um engajamento mais eficaz e uma recomendação muito mais convincente dos próprios prospectos para pessoas que já conhecem, aumentando muito a chance de interação dos clientes potenciais com seu empreendimento.

Capítulo 32:
Definindo o Público-Alvo

Definir o público-alvo é o primeiro passo ao elaborar sua estrutura de anúncios. Vou te mostrar algumas estratégias para conseguir uma definição eficaz.

O primeiro passo é definir o sexo do público-alvo que você pretende alcançar: masculino, feminino ou mesmo os dois. Para isso, recomendo que você utilize o Audiency Insights.

Porém, por mais específica que seja sua segmentação, existe um ponto que sempre será uma incógnita: a renda. Digamos que seu produto ou serviço seja voltado para pessoas com renda mais alta. Para encontrar o perfil de poder aquisitivo ideal, você vai utilizar uma estratégia de engenharia reversa.

Renda não significa hábito de consumo. Quantas pessoas você já conheceu que tinham dinheiro guardado mas não tinham o carro do ano ou uma casa grande? Quantas pessoas você conheceu que tinham o carro do ano, que ostentavam bens materiais, mas que viviam quebradas?

Os hábitos de compra são diferentes. Enquanto um perfil é mais comprador e suscetível a ofertas, o outro é mais conservador e, portanto, menos suscetível a cair na tentação de gastar. A renda em si pode não ser a chave da questão, porque quem compra muito costuma ter cartão de crédito com limite alto, nome limpo, opção de parcelar e etc.

Então, o que fazer para definir um público com um poder aquisitivo condizente com seu produto? Pense no seguinte: é mais provável que quem tem um celular mais caro tenha também um cartão de crédito com limite mais alto, certo? Isso porque quase ninguém compra à vista. O mesmo vale para quem tem o hábito de viajar bastante, principalmente quando se trata de viagens internacionais.

O Facebook coleta dados através do GPS integrado nos celulares e marcações de viagens, permitindo que você segmente seu público por meio dessas informações.

Assim, quando for direcionar seus anúncios para um público com padrão de renda específico, opte por anunciar apenas para quem usa determinada versão do sistema iOS para cima, por exemplo. Dessa forma, você segmenta também por perfil comportamental.

Muitas pessoas acabam segmentando pelo perfil de interesse dos usuários, mas pense comigo: quem segue a página da BMW, da Audi ou da Porsche não necessariamente tem um carro de uma dessas marcas, certo? O mais provável é que não tenha. Então evite esse tipo de segmentação quando a questão for renda.

Em geral, o Facebook oferece mais informações sobre os *leads*, porque as pessoas costumam postar mais informações na linha do tempo do Facebook do que no Instagram. No Instagram, as interações são mais curtas.

Agora, falando sobre hábitos dentro das redes sociais, o maior deles que potencializa suas vendas é o hábito da recomendação. Imagine que um amigo seu teve algum problema ou está procurando um restaurante para sair com a namorada. Você acabou de se deparar com um anúncio de um restaurante próximo que parece muito bom e marcou seu amigo. No Brasil, esse padrão de recomendação é ainda mais forte, porque além de marcar o amigo, as pessoas tendem a cobrar um retorno. Quando alguém vê que foi marcado, comenta ou curte seu comentário para te mostrar que viu.

Essas pessoas que interagiram vão para o público chamado "pessoas que interagiram com seu perfil", ou "pessoas que interagiram com sua página". Ou seja, você usa a própria audiência para te trazer pessoas interessadas. Por isso, você deve colocar o máximo de informações possível para produzir um anúncio que motive interação com sua marca.

Digamos que você tenha uma empresa de consultoria. As pessoas costumam ter muitas dúvidas sobre como abrir uma empresa, trabalhar dentro desse sistema e etc. Pense em um anúncio que diz o seguinte: "Dúvidas sobre como abrir sua empresa? Comente aqui embaixo que vamos tirar todas as suas dúvidas gratuitamente!" Esse tipo de conteúdo atrai os clientes potenciais para perto de você.

Outra segmentação muito eficaz é por geolocalização. Ela pode ser muito melhor do que jogar as pessoas para um site, por exemplo, porque já faz parte do cotidiano das pessoas passar pelo lugar que você quer atrair atenção.

Sempre considere esses ciclos de interação nas redes sociais antes de fazer qualquer tipo de anúncio.

Capítulo 33:
Quanto Investir em Anúncios

Essa foi a pergunta que mais ouvi desde que comecei a trabalhar com o Facebook e o Instagram: "Quanto preciso investir para ter resultado?"

A primeira regra é analisar suas finanças e verificar quanto você pode investir em anúncios sem prejudicar seu negócio caso o retorno seja muito baixo. Pense nisso como uma verba de guerra.

Em seguida, calcule a quantidade desejável de *leads* em função dessa verba. Exemplo: imagine que sua verba é de R$1.500. Qual seria, então, o custo por aquisição ideal?

Bem, se você ganha R$200 a cada vez que vende o produto, para ter uma margem de lucro de 100% (que é o mínimo ideal), seu custo por aquisição deve ser R$100, mas vamos supor que você esteja disposto a pagar R$150 dessa vez.

Desses R$1.500, vamos supor que você pagou um custo por *lead* de R$1,50, gerando mil *leads* interessados no seu serviço.

Com uma taxa de fechamento de 5% do total, ou 50 *leads*, e ganhando R$200 a cada produto vendido, você tem R$10 mil de saldo final, lucrando R$8.500 quando subtrai o valor do investimento.

Calculando a margem de CPA (custo por aquisição) e a margem de CPL (custo por *lead*), você consegue projetar e se preparar para cenários de dificuldade, mesmo com um custo por *lead* já acima da média.

Calcule essa margem sempre utilizando uma projeção com o valor total, a quantidade de vendas, o CPL e o CPA, e lembre-se de que esse valor não deve submeter sua empresa ao risco de fechar as portas.

Capítulo 34:
Calculando o Retorno

Aqui, entramos na parte mais importante de qualquer campanha do Facebook ou Instagram, que é calcular as margens de CPA e CPL e saber como usá-las para orientar suas campanhas.

Vamos supor que a verba que você vai destinar para essa ação é R$2 mil e que o valor máximo por *lead* é de R$0,50. Assim, você consegue mil *leads*.

Em seguida, você deve calcular sua margem de lucro. Digamos que você venda seu produto por R$2 mil e que, a cada serviço, você ganhe R$1.000. Assim, sua margem de lucro é de R$1.000 por venda.

Agora, vamos supor que a cada mil leads gerados, você faça cinco vendas, o que dá a você um CPA (ou custo por aquisição), de R$400 por aquisição (2.000 : 5 = 400).

CPA	R$400
INVESTIMENTO TOTAL	R$2.000
LEADS	1.000
VENDAS	5
VALOR DA VENDA	R$1.000
FATURAMENTO	R$5.000
LUCRO (FATURAMENTO – INVESTIMENTO)	R$3.000

A maioria das pessoas não entende a importância de fazer esse cálculo, porque uma coisa é o faturamento e outra coisa é o lucro. E, entre esses dois parâmetros, existem muitos outros fatores determinantes, como você viu na tabela anterior.

Nesse caso, você teve 150% de lucro. É uma campanha bacana? Com certeza. Assim, o primeiro cálculo que você deve fazer é quanto pagar em cada *lead*. Ser criterioso quanto a esses parâmetros te dá a oportunidade de diagnosticar falhas em sua estrutura. Repare que, nesse exemplo, os menores números são R$0,50 e 5 vendas, que resultam em uma média de conversão de 0,5%. Quando consideramos os mil *leads*, o que pode ser melhorado na campanha? Nada mais do que o atendimento e o fluxo de vendas.

Ao otimizar o fluxo de vendas, você obtém mais aquisições utilizando a mesma verba e aumentando o lucro. Essa é a base de cálculo que você deve utilizar, que sugere otimizações na estrutura para potencializar os resultados.

Outro aspecto que pode ser melhorado é reduzir o custo por *lead*. Para tal, você deve criar campanhas com o maior volume de engajamento possível. Porém, para isso não há base de cálculo, só a prática resolve. Essas técnicas vão te ajudar muito.

Quanto ao custo por aquisição, é ele que deve direcionar seu CPL. É importante lembrar que os indicadores de desempenho CPL e CPA devem trabalhar juntos para direcionar suas campanhas.

Capítulo 35:
Definindo sua Abordagem Comercial

A definição de uma abordagem comercial adequada deve ser feita antes de criar o anúncio. Para defini-la de maneira eficaz, você vai se basear em três princípios: o que vender, para quem e como.

A primeira coisa é definir o que você vai vender. Não adianta não ter ideia, fazer algo aleatório ou ter vários serviços e não definir nenhum. Escolha um ou dois dos melhores que você tiver e mantenha o foco.

Não faça como a maioria que tenta empurrar um monte de coisa encalhada, comece pelo que tem maior fluxo e interesse da sua audiência para facilitar o processo, que tenham mais escoamento. Quando digo escoamento, não me refiro às coisas que vão para o ralo, não, mas àquilo que é mais fácil de vender.

Vamos ver alguns exemplos dessa definição de público:

O QUE VOCÊ VAI VENDER	PRA QUEM VOCÊ VAI VENDER	COMO VOCÊ VAI VENDER
CURSO ON-LINE DE COMO FAZER UNHA EM GEL	MULHERES ACIMA DE 22 ANOS (SUDESTE)	DIRETO NA PÁGINA DE VENDAS
DELIVERY DE PASTEL	HOMENS E MULHERES ACIMA DE 18 ANOS QUE MORAM ATÉ 3 KM DA MINHA PASTELARIA	IFOOD E WHATSAPP
CONSULTORIA PARA ABERTURA DE EMPRESA	HOMENS E MULHERES ACIMA DE 25 ANOS QUE RESIDAM EM SÃO PAULO E QUE SEJAM DONOS DE UMA PÁGINA NO FACEBOOK	WHATSAPP, LIGAÇÃO
PERSONAL TRAINER (ON-LINE OU PRESENCIAL)	MULHERES ACIMA DE 25 ANOS A ATÉ 3 KM DE ONDE EU MORO	WHATSAPP, LIGAÇÃO, DIRECT
ESTETICISTA OU DENTISTA (BOTOX, HARMONIZAÇÃO)	MULHERES E HOMENS ACIMA DE 25 ANOS QUE MOREM A ATÉ 3 KM DE ONDE EU ATUO	WHATSAPP, LIGAÇÃO, DIRECT

Ao definir o "para quem", você deve ter em mente o apelo do produto. No primeiro exemplo, esse curso é para alguém que vai comercializar essas unhas ou para alguém que vai fazer as próprias unhas e as da amiga em casa? A abordagem é diferente. Vamos dizer que seja para uma manicure aprender e se especializar na técnica.

Bem, então o anúncio é voltado a mulheres. Mas de que idade? Dependendo do valor do seu produto, prefira pessoas acima de 24 anos, porque a maioria entre 18 e 24 anos não tem condição financeira de arcar com valores maiores.

Até agora, nosso público é de mulheres acima de 22 anos, por exemplo. Mas e a localização? Onde estão essas mulheres? Em vez de divulgar para o Brasil todo, você pode fazer um teste só na região sudeste, por exemplo.

Agora, no terceiro exemplo da tabela, não há como mapear com precisão o interesse de alguém que quer abrir uma empresa, porque pode ser qualquer pessoa. Uma boa alternativa é buscar donos de páginas no Instagram e no Facebook, entender o que fazem e sua cidade de atuação.

Cada caso é um caso. Porém, em todos os exemplos, é fundamental entender para quem o produto é orientado.

Na terceira etapa, "como vender", você deve se atentar para a maneira como o cliente potencial comprará seu produto. No caso do curso on-line, ele pode ser vendido direto na página de vendas através de apenas alguns cliques. Já no segundo exemplo, o pastel não tem página de vendas, então precisa do iFood ou outro aplicativo semelhante. No terceiro exemplo, a consultoria para abertura de empresas demanda um contato mais pessoal com o cliente potencial, assim como os exemplos seguintes.

Definindo bem esses parâmetros, fica mais fácil estruturar seus anúncios, pois o objetivo passa a ser impactar um público específico, direcionando essas pessoas para o seu funil de vendas.

Bônus: Gatilhos Mentais do Marketing Digital

O ser humano tem mania de procrastinar, imagino que você já sabia disso. Não é exclusividade de alguns, é inerente ao que somos. Quanto mais opções e tempo temos para escolher, mais para frente jogamos o peso da responsabilidade de ter que decidir. Faz arte da natureza do ser humano.

Quando o assunto são vendas e, no nosso caso, conduzir os leads para a compra, você precisa de recursos que o levem a efetuar a compra, não que façam o contrário.

Você precisa ser prioridade no momento em que o cliente cogita adquirir seu produto ou serviço. Caso contrário, ele tende a desistir, principalmente com a quantidade de informação e concorrentes que temos hoje, tanto no mundo digital quanto no presencial.

Os gatilhos mentais, que são o tema desta parte do livro, ativam regiões do cérebro que conduzem a decisões quase automáticas. Eu não inventei isso. Os gatilhos mentais são alvo de diversos estudos científicos, caso você queira saber mais a respeito.

Recomendo a você o livro Armas da Persuasão, *de Robert Cialdini. Nele, você tem acesso a muitos outros gatilhos mentais e exemplos de utilização na prática. Aqui, abordo os principais, que funcionam com bastante eficácia nas redes sociais, e apresento exemplos de como você pode utilizá--los nos seus anúncios.*

Capítulo 36:
Escassez

Algo escasso, resumidamente, é algo que não está disponível em abundância. Nós, seres humanos, ficamos mais inclinados a tomar uma atitude quando estamos perdendo algo.

Digamos que sua situação financeira não vá bem. Nesse momento, você começa a ficar desesperado e a procurar alternativas para alavancar sua vida financeira. O mesmo acontece nos relacionamentos, quando uma das duas partes começa a se afastar, a outra passa a correr atrás.

Agimos para evitar perder, porque ninguém gosta de perder. Isso nos leva à ação. Por isso, a escassez acelera o processo de decisão dos clientes potenciais.

Algo que vejo com frequência são páginas bem estruturadas e com tráfego bem segmentado, mas com ofertas que estão disponíveis todos os dias. Isso faz com que os visitantes adiem a compra ou nunca a façam, o que reduz o nível de conversão.

Um grande exemplo de escassez é o que o McDonald's faz com suas promoções. Todas são específicas e duram por tempo limitado. É exatamente essa limitação que leva o público a tomar a decisão de não perder a oportunidade.

Pense no que acontece no período de Copa do Mundo: as pessoas correm para comprar camisa, boné, vuvuzela etc., mas ninguém pensa nisso nos meses anteriores, mesmo sabendo a data de início. O mesmo acontece no Natal. Esse comportamento é inerente ao ser humano, deixar as coisas para depois.

Existem alguns apelos e estratégias que você pode usar em suas campanhas para conduzir os clientes a tomar a decisão de comprar. Vamos ver alguns deles:

O primeiro é o gatilho do "hoje". Imagine que você viu uma publicação mostrando o rodízio de uma churrascaria, que costumava cobrar R$150 por pessoa, cobrando R$120. Porém, essa publicação tem um detalhe, que é esse preço "só hoje". Ou você vai hoje ou vai pagar o valor integral, sem desconto.

A churrascaria entende esse desconto como um custo por aquisição, que explico no Capítulo 33. A ideia é aumentar a conversão de clientes através da vantagem do desconto e do tempo limitado para adquirir.

Outro fator determinante é o desconto agressivo. Estudos apontam que grandes liquidações e descontos com alto percentual causam sensações similares a orgasmos. Impressionante assim.

Imagine que uma loja esteja anunciando 10% de desconto em alguns itens. Enquanto isso, outra loja anuncia todos os itens a partir de 70% de desconto. Qual vende mais? Obviamente, a segunda, pois quanto mais agressivo for o desconto, mais fácil que o gatilho da escassez funcione.

Só que você não pode anunciar um desconto sem definir uma data limite. Caso contrário, você estará dando aos clientes potenciais a opção de comprar depois, o que diminui a possibilidade da compra. Pense nos descontos como eventos, com início e fim muito bem estabelecidos.

Comumente, existem dois picos de vendas em uma promoção: no início e quando ela está próxima ao fim. O que as lojas costumam fazer é anunciar o seguinte: "De acordo com o sucesso da promoção, resolvemos prorrogar a data até o dia X". Não perca o critério, atenha-se ao valor e à data previamente definidos.

Repare que, nas redes sociais, existe muito barulho e agitação. Quando você se destaca, atrai a atenção das pessoas e as desperta para agir. Não adianta só promover um conteúdo bacana e não conduzir o cliente para a compra.

"Somente X unidades restantes" também é um outro bom exemplo de gatilho da escassez. As pessoas tendem a comprar nesses casos para não perder a oportunidade.

Um outro fator importante é explicar o motivo da escassez. Digamos que você tenha uma clínica de estética e vá fazer uma divulgação de aplicação de botox, angariar novos clientes e vender outros tratamentos. Geralmente, quando você define um limite, tem que explicar o motivo da escassez. Exemplo: "Devido à procura, somente tantas oportunidades restantes". Outro exemplo: "devido à limitação do estoque, a promoção só se aplica aos vinte primeiros". Quanto mais detalhes você apresentar na sua oferta irresistível, maior a probabilidade de conversão.

Capítulo 37:
Autoridade

Resumidamente, autoridade é uma impressão de alguém que você entende que tem poder, informação ou algum tipo de influência dentro de um contexto.

Digamos que você esteja dirigindo e escute a sirene de uma viatura vindo atrás de você. A polícia tem autoridade, então você dá passagem. Se um carro comum buzinar dificilmente você vai dar essa passagem, porque o seu gatilho de autoridade não foi acionado.

A mesma coisa vale para qualquer tipo de empresa ou de profissional. Digamos que você vá ao consultório odontológico, encontre tudo desarrumado e seja atendido por alguém que parece não entender bem o serviço. Essa primeira impressão é causada pela soma de vários elementos que determinam o quanto aquela empresa vale para você, tanto em termos de qualidade quanto em termos financeiros.

Para aumentar sua autoridade, evoque alguns elementos que a reforcem. Duas sugestões para você: evoque os resultados financeiros que sua empresa conquistou e os resultados conquistados pelos clientes. Não adianta ser muito bom no que você faz se não conseguir mostrar aos clientes potenciais que é bom. Autoridade sem resultado não existe.

A primeira coisa que as pessoas costumam reparar é a plataforma em que você aparece, a apresentação da sua página ou site. Seu site é desorganizado e feio? Ele funciona bem na versão para celular? Ele é mal diagramado? Fique atento a esses pontos para não transmitir uma imagem negativa. E isso passa pela identidade visual, além de bem estudada para que ela transmita e mensagem correta, ela precisa ser constante e se apresentar de forma uniforme nas diversas plataformas. Imagine que no Instagram seu logo é azul e você achou que no Facebook fica melhor vermelho. Aí não dá, *né*?

Sua imagem deve vender você sem que seja necessário abrir a boca. Se você precisa justificar alguma coisa, é porque está fazendo algo errado. Atualize suas plataformas regularmente. Hoje em dia, existem diversos aplicativos bastante intuitivos para te ajudar sem precisar gastar muito.

Outro fator importante é a sua estrutura, que precisa estar clara e fazer sentido. Pequenos elementos podem te posicionar como autoridade. Imagine, por exemplo, que você fez um vídeo para o Instagram ou Facebook. Se ele estiver mal projetado, com uma letra faltando ou algum outro erro notável, sua autoridade diminui. Cuidado, pois a parte estética é sempre muito importante. A estrutura do seu negócio deve estar alinhada com a sua imagem. Uma foto e uma frase bonita não bastam, você precisa de uma boa apresentação ou sua imagem será minada.

Existe um nivelamento chamado régua do mercado, que é o padrão do iniciante, mediano e do experiente. Repare que no seu mercado existe um padrão de quem está começando, de quem é mediano e de quem é realmente bom.

Vamos analisar um exemplo prático: imagine que você vá abrir uma padaria. Existem duas opções: abrir em um bairro nobre ou em um bairro da periferia. Se você abrir uma padaria com estrutura simples em um bairro nobre, vai repelir o público, que está acostumado com o padrão elevado. Se fizer o contrário, também vai afastar o público, que acredita não ter poder aquisitivo para consumir no seu estabelecimento. Para evitar essa situação, posicione-se de acordo com a régua do mercado.

Muita gente deixa de contratar um profissional para fazer do próprio jeito e acaba ficando estagnada entre os iniciantes. Essa estrutura de "evolução aos poucos" é do século passado, em que o nível de autoridade das pessoas era determinado pelo diploma. Isso não funciona mais. Seu valor de mercado é determinado pelos resultados válidos conquistados através de cases anteriores.

Sua autoridade atrelada a cases anteriores é o que define quanto você vale entre os top players. Você constrói autoridade praticamente de modo instantâneo quando começa se posicionando adequadamente na régua do mercado.

Então, independentemente do seu nível de estudo, se você quer se posicionar rapidamente, não confie somente no seu diploma, porque hoje o diploma é algo comum, algo comercial. A maioria das pessoas não está preocupada em saber o quanto você estudou, isso é algo que te ajuda a mostrar que você tem competência, sim, mas o fator determinante, que vai fazer elas tomarem a decisão de comprar de você, é ter a certeza de que você oferece resultado. Ser excelente no que faz e proporcionar resultados reais a outras pessoas é um dos maiores diferenciais para construir autoridade.

Agora vamos falar sobre vídeos. Existe uma grande diferença entre fazer vídeos caseiros e vídeos profissionais. Lembre-se de que um vídeo bem produzido é material para a vida toda. Pense naquele filme que você assistiu dez anos atrás e ainda se emociona quando assiste novamente. Isso acontece porque ele foi bem escrito, bem produzido e passa uma mensagem forte. O mesma acontece com os vídeos do seu negócio.

Os vídeos de alto impacto, em que você comunica cases e histórias bem-sucedidas, são imprescindíveis para construir autoridade. O que conecta as pessoas são as histórias e o que comprova sua habilidade de gerar bons resultados são seus cases. Não há como fazer algo meio-termo quando você quer ser top player de mercado.

Posso fazer algo mediano com as minhas condições atuais e ir melhorando aos poucos? Sim, desde que você trabalhe com uma régua de mercado que possibilite isso. Sempre é melhor fazer alguma coisa do que não fazer nada.

Você precisa contratar uma produtora de cinema para fazer sua estrutura? Não, mas faça algo bem feito. Comece pelo benchmark, que é um estudo dos concorrentes nacionais e internacionais. Veja o que eles já fizeram, passe o conteúdo para uma produtora e peça que estruturem algo similar para você.

As pessoas também vão te ver como autoridade em alguns nichos onde você vende algum tipo de solução ou esclarece dúvidas através de conteúdo. Mais uma dica para os vídeos.

TIRO, BOMBA E PORRADA

Você vai precisar de dois tipos de vídeo: o primeiro você vai usar pelo resto da sua vida, que é o institucional. Ele vai vender sua história, alguns cases seus e contar mais sobre você, sua empresa, sua missão e etc. Os outros são vídeos de conteúdos em que você soluciona possíveis dúvidas e problemas da audiência.

Para que as pessoas te associem a um especialista, você deve transmitir uma imagem de que conhece melhor o problema da pessoa do que ela própria. Para isso, você precisa estudar e entender bem o problema da sua audiência. Você é visto como um especialista quando parece um especialista. As informações que você fornece precisam ser fundamentais para quem pretende atender.

Tem gente que acha que precisa ser o melhor especialista de todos os tempos para se posicionar. Não necessariamente. Você pode estar alguns níveis acima da sua audiência e simplesmente se posicionar como alguém capaz de auxiliar as pessoas a chegar em um determinado nível.

Lembre-se de que seu conhecimento é fundamental para que outras pessoas deem alguns passos à frente e evoluam. Não é necessário ser o melhor de todos quando você começar, mas posicionar-se em algum degrau bem-definido, de médio para cima e sob uma estrutura bem analisada.

Capítulo 38:
Comunidade

Os gatilhos de comunidade servem basicamente para que você faça seu possível cliente se sentir parte de um grupo. Esse gatilho é o mais poderoso de todos. Vamos ver como ele funciona.

Para entender esse gatilho, basta lembrar dos grupos de amigos que você teve na faculdade, na escola ou no trabalho. Você pertencia a um grupo, e isso te dava a sensação de pertencimento e união. O que fazia essa união acontecer eram os estilos de vida, atividades e interesses em comum que vocês tinham.

Sempre fazemos parte de grupos, e você pode explorar esse gatilho com algumas estratégias de marketing digital. Uma delas é a seguinte: digamos que você faça uma ação por período limitado, como um evento, e jogue todas as pessoas que têm interesse em um grupo do WhatsApp para que tirem dúvidas com você, onde você vai atender exclusivamente naquele período, como se fosse uma pré-consulta. Isso cria o senso de pertencimento.

Outro aspecto que você pode utilizar é o senso de participação causado pelos comentários, que acabam tendo relevância por agregar pessoas com interesses em comum em uma mesma comunidade. Por isso você deve projetar seu conteúdo das redes sociais sempre voltado a gerar engajamento. Experimente, em vez de chegar em um grupo oferecendo alguma coisa, interagir e tirar dúvidas de quem parece interessado no assunto.

Sobre as lives do Facebook, tenho uma dica especial: quando você começar a live, é bem comum que nem todo mundo veja a live acontecendo. É como no YouTube, você não recebe as notificações do canal em que está escrito 100% das vezes. Depois de uns oito minutos de live, o gerenciador de anúncios libera o uso da live como anúncio em si. Assim, você pode direcioná-la para seus seguidores e para os amigos dessas pessoas. Esses contatos em comum também criam o senso de comunidade, potencializando o efeito desse gatilho e expandindo o alcance do seu conteúdo.

Um outro tipo de ação muito interessante é quando você já tem uma base de clientes na sua estrutura, WhatsApp ou e-mail, e resolve atendê-los de maneira diferenciada, oferecendo vantagens especiais. Por exemplo, considere uma campanha de ação na qual sempre que a pessoa se torna cliente ela passa a visualizar um anúncio com atendimento individualizado pelo WhatsApp, como em uma empresa de advocacia. Você fez uma ação e reuniu diversos *leads*, que através do seu pixel, passam a ver um anúncio em que sua equipe de atendimento esclarece dúvidas gratuitamente, dispensando o trabalho do cliente ter que ir até o escritório.

Trate os clientes e *leads* de maneira diferente para reforçar o senso de pertencimento do gatilho de comunidade. Dessa forma, quem está dentro se sente recompensado, e quem está de fora deseja participar. Esse pertencimento ativa o gatilho de comunidade e faz com que você aumente suas vendas e a recorrência de vendas de quem só comprou uma única vez.

Capítulo 39:
Garantia

A garantia nada mais é do que assumir o risco da compra do cliente. Quando você arca com esse risco, oferece ao cliente a certeza de que o produto ou serviço vai funcionar conforme foi combinado.

O primeiro tipo de garantia, conhecido como garantia de funcionamento, é o mais comum. É o famoso "resultado garantido ou devolvemos seu dinheiro". Isso gera um conforto no cliente que está ainda com uma certa dúvida, encaminhando a conversão.

Geralmente, existem diversas outras propostas que o cliente está analisando junto com a sua, e oferecer essa segurança de que ele não perderá dinheiro é um diferencial que pode te colocar na frente. Quando as propostas são diversas, os clientes passam a desenvolver critérios de escolha, e a segurança é sempre um dos mais significativos.

O segundo tipo de garantia é parecido com o primeiro, só que tem um prazo definido. "Use o produto durante sete dias e, se você não gostar, devolvemos seu dinheiro."

É possível que o mercado em que você atua não seja favorável para trabalhar com garantias, que costumam fazer sucesso em mercados com muita incerteza dos resultados. Se a segurança da garantia não preencher uma necessidade real, não funciona.

Usar uma abordagem com uma garantia mais agressiva vai te ajudar a fazer muitas conversões, principalmente se você é novo no mercado ou não tem muita autoridade (que é outro gatilho que comento no Capítulo 37). Ainda que não seja seu caso, uma garantia agressiva vai te ajudar a aumentar muito seu nível de conversões.

Digamos que você precise consertar a piscina da sua casa e, ao pesquisar, recebeu três orçamentos. Um deles é de R$5 mil, não oferece garantia, mas já atendeu a vários conhecidos seus. O segundo é de R$3 mil, mas ninguém conhece, você achou na internet. O terceiro cobrou R$7 mil, só que garantiu seu dinheiro de volta se a piscina não funcionasse desde o primeiro dia de manutenção.

Qual dos três parece mais seguro? Mesmo que seus conhecidos já tenham sido atendidos pela empresa do primeiro orçamento, o simples fato de haver uma garantia de 100% de devolução no terceiro faz com que você se incline a achar essa proposta mais interessante, ainda que seja a de maior valor.

Normalmente, a vontade de ter nosso problema resolvido é maior do que a de economizar. Lembre-se sempre disso para não priorizar descontos em vez da resolução do problema. A garantia oferece um maior poder de argumentação e de posicionamento, além de potencializar muito suas chances de fechamento.

Devolver o dobro também é outra estratégia muito eficaz, pois potencializa ainda mais seu índice de conversão e, consequentemente, sua receita. Contanto, para oferecer 200% de ressarcimento, você precisa estar muito seguro dos resultados que oferece.

Capítulo 40:
Níveis de Prova

Como o nome sugere, um nível de prova é um fator real, um resultado alcançado pela sua empresa, que valida seu serviço para os clientes potenciais.

Fundamentalmente, existe um tipo específico de prova, que é a prova social, que se difere dos demais tipos de prova. Vamos entender ambos e como utilizá-los.

A prova é o atestado de que seu produto funciona, obtido através de cases, números e resultados obtidos. Se muita gente diz que algo é bom, a probabilidade de que aquilo seja mesmo bom é muito maior do que a de algo que quase não é comentado, certo? Esse é o princípio da prova.

Ela é obtida principalmente através da opinião dos clientes que adquiriram seu produto ou serviço e se viram satisfeitos com o resultado. Uma fonte importante dessas informações é o Reclame Aqui, site em que as pessoas podem opinar sobre as empresas e fazer reclamações.

É praticamente impossível ter um perfil isento de problemas no Reclame Aqui. O mais importante, certamente, é que você se certifique de resolver os problemas e mostrar isso no site para que os clientes potenciais atestem sua confiabilidade. Já vi muitas empresas perderem oportunidades gigantes por ter problemas mal resolvidos no Reclame Aqui.

Assim, é interessante também que você apresente opiniões e depoimentos positivos de clientes que adquiriram seu serviço em sua página no Facebook e no Instagram. Divulgar a opinião dos clientes é muito importante para consolidar a prova social, que mencionei no início deste capítulo. Por isso, trabalhe com cases e estudos de casos, usando-os como remarketing para quem já os viu e teve contato com sua empresa.

A prova social é como a fila do restaurante: quanto maior a fila, melhor deve ser o serviço. As pessoas avaliam seu negócio, antes de qualquer coisa, pelo engajamento e pela quantidade de curtidas.

Muitas empresas pecam nesse quesito por não implementar o empilhamento, mas usar anúncios flutuantes. Você já deve ter visto aqueles anúncios, com pouco engajamento, afirmando que você vai ter um resultado extraordinário. Isso não transmite credibilidade. Por isso, atenha-se não apenas à quantidade de cliques, mas ao que pode ter passado pela cabeça do cliente antes do clique.

Seu volume de seguidores, seus números e o que as pessoas falam sobre você é sua prova social. A prova em si são os resultados que você já obteve e pode provar. Saiba distinguir esses dois conceitos para criar estruturas que te validem em ambos os casos. Você precisa de engajamento, sim, mas também precisa de resultados.

Capítulo 41:
Vídeos

Aqui vou mostrar algumas dicas e cuidados que você deve ter quando fizer qualquer tipo de ação em vídeo. Tão importante quanto saber o que fazer é saber o que não fazer.

Bem, o primeiro cuidado que você deve ter é evitar ao máximo parecer um youtuber. A menos que seja a proposta do seu negócio, claro.

Parecer um youtuber é descaracterizar sua autoridade como profissional para dar ênfase ao humor ou falar muito sobre assuntos que não têm nada a ver com o objetivo da ação. Foque o conteúdo técnico e seja objetivo, principalmente nas primeiras ações.

Há muitos casos de pessoas que se relacionam com seus clientes de maneira mais pessoal, isto é, que mostram sua vida e se conectam com o público de maneira mais íntima, mas na maioria desses casos essas pessoas construíram sua autoridade profissional antes com conteúdo técnico. Entenda que, nesse caso, existe uma ordem dos fatores que altera, e muito, o produto.

Não se compare com quem está há muito mais tempo do que você no mercado. Se você está construindo sua autoridade, foque o seu momento. Busque ideias que esses profissionais desenvolveram quando estavam na mesma etapa em que você se encontra agora. Coloque sua marca, mas não precisa inventar a roda, olhe o que já deu certo para se inspirar.

Outro cuidado muito importante é a qualidade da imagem. Não adianta você se posicionar como autoridade usando uma linguagem amadora ou que destoe de quem você é. Certa vez, vi um caso de um palestrante do nicho de empreendedorismo que contratou uma produtora de vídeo que fazia casamentos e não entendia nada do segmento dele. Ao fazer a captação de cenas do evento proposto, eles focaram nas partes em que ele falava de Deus e em que havia pessoas em cima do palco. Agora, imagine só, quem via um cara de terno e gravata falando de Deus com várias pessoas em cima do palco associava esse conteúdo ao quê? Um culto religioso, óbvio.

Para evitar esse erro, seja claro na hora de comunicar os objetivos. Apresente exemplos de como você gostaria que o conteúdo se parecesse e, antes de mais nada, esclareça o que é importante e o que não é. Elabore um roteiro do vídeo, ainda que seja simples, para não fugir da proposta. Para isso, faça um estudo de audiência usando os conteúdos que aprendeu neste livro. Não improvise.

5 Dicas para Você Levar para a Vida

1 - Se ainda não consegue correr, caminhe!

Faça bem feito aquilo que tem que ser feito
A vitória não é do melhor e sim do mais preparado
É melhor ir mais longe do que ir mais rápido

2 - Aprenda a calar a boca dos outros sem abrir a sua

Silêncio não é fraqueza e sim evolução
Eles fazem fofocas, eu crio oportunidades
Seu primeiro idioma é o silêncio. Seja fluente!

3 - Não crie limites para si mesmo

Durante sua série de exercícios não esqueça de caprichar na paciência
Você só vence amanhã se não desistir hoje
Se você achar que não consegue, não conseguirá

4 - Velhos hábitos não abrem novas portas

Reinvente-se!
Aprenda algo novo todos os dias
Não se feche para o novo

5 - Todo vencedor tem cicatrizes

Se você não quer brincar, não desce para o playground
Valorize suas cicatrizes, elas te ajudaram a chegar até aqui
Olhe para a frente, mas não se esqueça de como chegou onde está

Chegando aos finalmentes

Depois de ler este livro e aplicar as técnicas que aprendeu aqui, não tenho nenhuma dúvida de que você será capaz de formar uma Tropa de Elite de Vendas e de dominar mercados.

É absolutamente certo que suas vendas vão estourar.

Mas não descuide, ler não é o suficiente, é preciso aplicá-las. Você é um Pit Bull e tem que ir pra cima, sempre!

Lembre-se dos processos, técnicas e dicas que aprendeu nesta leitura. Isso vai alavancar seu desempenho, seja você vendedor, gestor de uma equipe ou empresário. Quem conquista é quem faz direito.

Como fiz questão de reiterar desde o início, o foco aqui não é motivacional. Se você quer conquistar resultados reais e duradouros, precisa batalhar, suar a camisa e fazer o que ninguém está fazendo. Caso contrário, vai ter que se contentar com um desempenho medíocre, digno de um vendedor poodle.

Vendas é processo, é técnica. Ou você sabe fazer ou vai ter que aprender. Ninguém nasce vendedor, torna-se vendedor com estudo e aperfeiçoamento.

Colocar a culpa na crise, seja ela qual for, é moleza, difícil é levantar da cadeira e fazer acontecer. Aplicando alguns conceitos determinantes que você aprendeu aqui para aumentar suas vendas, vai ficar um pouco mais fácil.

O cliente sempre vai dizer que está caro, não espere que isso não vá acontecer, fuja dos tiros! Se ele reclamou foi porque você não deixou claro os benefícios do seu produto.

Antes de qualquer coisa, sua estrutura precisa estar bem definida, pois ela é o alicerce da sua empresa. Sem um plano de ação e uma estratégia bem elaborados, você só vai conseguir confusão. As empresas mais bem-sucedidas são as que foram melhor estruturadas e com a maior capacidade de se adaptar aos diferentes cenários possíveis.

Saia da mentalidade old school, vintage. A menos que você seja dono de um antiquário, ela não vai te beneficiar em nada, só enterrar a sua empresa. Não negue a realidade, entre no mundo digital com o pé direito e não saia. Esse papo de ficar só no off-line não está com nada. Agora que você viu e aprendeu diversas dicas de como fazer isso, aproveite.

Vendedor Pit Bull é aquele que morde a venda e não larga até conseguir o fechamento, não deixe para depois. Faça aqui e agora. Agarre o seu momento como um Pit Bull agarra sua presa: preciso e impiedoso. Fuja dos tiros, desvie das bombas e vá para a porrada. Só assim você será capaz de dominar mercados.

Pra cima!